Julio Pérez Suárez

LA CASPA, LA CASTA Y LA BANCA

Julio Pérez Suárez

Ensayo

LA CASPA, LA CASTA Y LA BANCA

La crisis política española, que se ha enquistado. Convirtiendo sus ideologías en pandemia fatuas que conducen a la miseria, la desidia y la improvisación sin sentido. Consecuencia directa de un copy&paste, realizado por los dos partidos mayoritarios en la democracia española desde 1978 hasta 2018. 40 años de demagogia tras una dictadura militar. Pero que los morados traen en su haber nombrarse la marca blanca chavista del régimen caribeño. Todo apunta a la desorganización del poder político por lo que el caos es próximo y evidente.

Julio Pérez Suárez
Madrid - España
Abril 2.020

No es lo que puedas decir, sino quién lo diga y la responsabilidad real de sus palabras para con el bienestar general y la democracia. No por gritar y escupir te haces más fuerte, es sumar y comprenderse lo que ayuda a la sociedad a avanzar.

PRÓLOGO

Se evidencian tiempos revueltos, convulsos y llenos de dicotomía y desorden, esta confusión del ser humano, se presenta en todo lo que hacemos, por ello tenemos esta crisis económica sin igual, crisis política, crisis social, crisis moral, crisis sanitaria y crisis teológica. Nos estamos enfrentando a unos de los momentos más cruciales para nuestra comprensión de nuestra condición, no solo por lo que hemos alcanzado, si no que también los retos a los que nos enfrentaremos desde hoy mismo.

Pero la discordia política, esa falta de entendimiento, esa polarización ideológica, sectaria y partidista, es sin duda una reacción en rechazo dentro de esa riña por convertirse en el mecías político. Es sin más una animosidad mutua, traer a colación guerras terminadas para ganar adeptos, n es mas que sembrar odio para recoger tempestades en el futuro próximo. Donde los partidos mas debilitados sufran por sus errores y aquellos antagónicos presenciarán una batalla con argumentos autoritarios de parte y parte.

Debo decir que esta convulsión, confusión, desencuentro político, no es exclusivo de España, ni de Europa, es una evidencia que se está manifestando incluso en el gigante norteamericano, que debo obligarle a recordar ser el artífice del frenazo económico en todo el planeta, dando cabida al poder popular chino, que ya ostenta el 30% de la deuda del gigante militar occidental. Los lideres no han comprendido que el clamor de todo el planeta es tener sin duda, un liderazgo muchísimo más honesto.

Pero debemos tener cuidado, por que un cambio no es generalmente hacer lo opuesto, pues sería como destruir con los pies lo que construimos con las manos.. y tampoco les trae a receta de curación el comunismo y el estado autocrático. Es importante tener en cuenta que la democracia no es la causa de los problemas, si no el reflejo esbozado de una nación por resolver sus conflictos y retos. Seguir en la tensión política aumentará el limbo en las decisiones que vivimos en este reciente período. Pues incrementarán estos partidos su verborrea en un parlamento mas disperso en la disputa que al final no resolverá la problemática del pueblo mientras estará atrapado en el olvido democrático. El rechazo en si mismo de la política, donde los oportunistas autocráticos impondrán en minoría lo que en mayoría no tiene consenso, es decir dictadura o comunismo, cualquiera a su opinión.

En otras palabras pareciese que estamos sin salida, el inmovilizo de una parte del electorado que se esconde con su miedo, en un voto que petrifica a los partidos políticos, instituciones, costumbres y comportamientos. Enfrentado a ese otro voto que proclama "el empezar de cero" exponienciando los problemas con magnificación del descrédito de las instituciones públicas. La crisis de identidad ideológica, así como la política y de confianza a los viejos partidos, ambos son esquemas rancios de tiempos del 36. Que sin duda no les duele a aquellos muertos y sin mas están dispuestos a darnos más, sin importar bando. Parece que no comprende lo que es una política de estado, que los dos proclaman pero ninguno practica.

Entre tanto, mientras estos memos "políticamente hablando" se enfrascan en verborreas fatuas, que es sabido que no conducen a nada, la solución a los problemas reales nos enfrentamos usted y yo. Lo que de alguna forma y otra tienen relación directa con el gobierno, ven peligro por ello veremos titulares como "Bruselas ve riesgos en la sostenibilidad de la deuda publica española en el medio plazo" o el presidente de la cámara de comercio de España, pidiendo "estabilidad".

En pocas palabras utilicemos la humildad para crecer, la asertividad para comprendernos, y sobretodo la solidaridad para progresar juntos, incluso con los extremos reducidos. Queda en usted dejarle a los suyos lo mejor de su voluntad, pero es agradecido devolver a todos la gratitud de ser parte de este país.

CAPÍTULO 1

INTRODUCCIÓN

Historia de la miseria de la izquierda y la derecha.

La historia siempre ha tenido esquinas filosas que arroparon la gloria de nefastos personajes, mientras que esos mismo pueblos quedaron sumidos en la miseria y el dolor. Aunque, solamente aquellos hombres vestidos tras estos nefastos, se convierten en guerreros de la paz y la concordia. Los hombres de paz, fueron los únicos que llevaron a sus pueblos mucho más allá de lo que ni ellos mismo imaginaron. Pero, lo lamentable es que los ciclos se repiten una y otra vez y desafortunadamente hay pueblos que no las superan, mientras otros desechan el estado del bienestar por ideologías fatuas, para hundirse nuevamente una y otra vez es esa misma esquina.

■■

Y la teoría que sustenta esta hipótesis clínica, no es mas que la perspectiva en el conjunto de la historia. La política global y la economía mundial. Planteada por grandes personalidades como Wallerstein, Abu Lughod y muchos más que contribuyen en esta ideología. Llegando inclusive a polémicas como las de Kondrátiev.

Pero no insistiré en este ensayo, en explayarme en teorías que solo algunos pocos comprenden. Este escrito intentaré que sea ameno y corto para que la comprensión de momento histórico que nos enfrentamos en España. Lo único que si deseo mantener como pilar será la historia, la política y la economía. Es sin duda mi más sincera visión hipotética desde un no profesional y mucho menos erudito del mundo político. Solo de un votante con cierta pasión por escribir y pensar.

Empezaré hablando de los gloriosos personajes históricos que fueron nefastos en todos los sentidos, tales como Napoleón, José de San Martín, Miguel Hidalgo y Costilla, Ramón Castilla, José Gervasio Artigas, Manuel Bergamo y Simón Bolívar. Personajes fundadores de repúblicas entre 1789 y 1845. Todos ellos motivados por sus tesis ideológicas que pasaron por la guerra y la destrucción antes del cambio por consenso.

De estos, conozco el caso de dos que se conocieron personalmente y se aborrecieron mutuamente. Napoleón Bonaparte y Simón Bolívar. Irónicamente, los dos pensaron que eran figuras nefastas para la política y el pueblo que cada uno representaba por nacionalidad. Y de igual forma, fueron precursores del peor período político y económico de la historia. Donde las diferencias sociales, continuaron marcadas por la campaña propagandística de la libertad, una libertad impositiva del papel mojado que ellos mismos dictaron a gusto propio y con su egocentrismo que sin duda aun hoy algunos políticos pretenden emular.

Pero ¿Qué tiene que ver la actualidad con 1819? Es evidente que no vamos a caballo, ni tampoco salamos la comida para que nos dure en conservas más años. Tampoco tenemos esclavos y mucho menos somos súbditos del dictador de paso. Pero, si lo vemos desde otra perspectiva podría ser que sí.

En mi opinión personal, la evolución del hombre siempre se ha llevado por delante el sacrificio humano como moneda de gran valor. Es y así lo creo, la obligación de muchos al sueño de pocos. Y aunque los tiempos cambian, el juego emocional que impregnan en sus discursos, nos ha esclavizado, no con el fuste, pero si con el papel y la letra. Hoy lo llamamos hipoteca, tarjeta de crédito, impuestos y tributos, multas, etc.

Bien dejemos de llamarles cargas familiares y sustituyamos por la nomenclatura de "hostigación" obligada por voluntad de adquisición. En las que e toda regla, las entidades bancarias se aseguran el beneficio económico por 30 a 40 años. Pero en cambio el hombre humilde que busca asegurarse techo y comida con su esfuerzo y con la determinación de dejar de ser nómada. Se vende sin conocer su futuro y peor aun. Vende el de toda su familia sin garantías. Al final, en mi visión o desde mi perspectiva, no es mas que un latifundio modernista, en pro del crecimiento del un conjunto pequeño, pero sin un fundamento verdadero de apoyo de unos con otros.

Volvamos a los libertadores de América, sembraron guerras, guerrillas y batallas en muchos rincones de la América Hispanica que venia evolucionando en algunos virreinatos con crecimiento económico y trabajo para todos. Mas aunque, vendiendo la palabra libertad a cambio de sangre, sudor y dolor. No muy distinto a una hipoteca o un crédito del coche. Y peor aun, en algunos casos hipotecando la vida de esos hijos por los que se lucha con miras a un mundo mejor. Del que al menos, 2.500 años. No se ha visto presente solo nos damos cuenta si miramos un poco al pasado.

Pero hoy en día, la política se ha convertido en el juego de mercadeo mas candente de todos los tiempos ¿Y porqué un juego? Manipulan emocionalmente a los votantes solo con el fin de generar ganancias electoralistas. No con el fin de ser la mejor opción o de literalmente vender realidades. Pues si bien es cierto, algunos venden hasta repúblicas inexplicables y con la gran incapacidad de moldear un futuro, solo por ser revolucionarios.

Además desde el punto de vista sociológico, está surgiendo un movimiento nostálgico del comunismo. No solo en España, si no en muchos rincones del planeta. Alguno de ellos motivados más en la emotividad que en la razón. Algunos enaltecidos por algún abuelo, tío abuelo, bisabuelo que por aquellas circunstancias de la vida defendían la república y si fue asesinado mas acérrimo será mi emoción por la república.

Y antes de continuar, debo acotar que tres de mis tío abuelos maternos, murieron en diferentes escenarios y bandos durante el período nefasto de la guerra civil. Unos abandonados en alguna carretera a puño alzado y otros en la legión en algún rincón del Ebro. Por ello y en consecuencia de esa agitación política, mi voto, mi opinión y mi emoción, siempre se sustenta en la racionalidad, más que en la herencia emotiva y fatua de república o monarquía.

Pero ¿Realmente hoy por hoy, la política y la religión tiene tanto peso? Pues no, no como lo fue antes, hay nuevos poderes que también regulan y se imponen en el desarrollo del conjunto de la nación española y son el poder financiero, el poder industrial, el poder empresarial. Ya ni las cooperativas, ni las asociaciones de trabajadores tienen poder. De hecho creo que ya no representan a los trabajadores en estos tiempos de paz.

El poder económico, tiene hoy tanto peso, que está mermando seriamente el futuro del conjunto de la nación. Los políticos está más a merced del Banco que incluso ellos son prácticamente los que determinan dónde o en qué proyecto se financiará. Colocando en la cabeza del todo el sector gubernamental en la bandeja de estos nuevos testaferros para los terratenientes.

Pero, existen pueblos soñadores que venden al mundo un supuesto país en marcado en la república que ha desarrollado "el socialismo del siglo XXI". Y como en aquel imperio español, Pablo Manuel Iglésias Turrión, Iñigo Errejón, Juan Carlos Monedero, Jaime Pastor, Luis Alegre, Jorge Vestrynge y muchos otros comunistas disfrazados de socialistas, tienen como objetivo, imponernos sus doctrinas. Y como ha ocurrido en Venezuela, hacerlo por encima de quien sea y como sea. Factiblemente enviándonos de nuevo a la desidia como fue desmembrando lo que fue aquel Imperio Español. Pero hoy derribando la democracia que tanto costó llegar a tener.

Estos imberbes soñadores, viven anclados en la Revolución Rusa, En la poética falsa del comunismo castrista y son producto del difunto asesino de la guerra civil. Santiago Carrillo.

¿Y qué hay del poder económico? Esas cajas de ahorro fundadas en la ley de 1975. Y que solo en 2013 se volvió a actualizar una ley descabalgada. Una situación inextensible, pues con la entrada en el euro, se debió de modificar como muchas otras leyes bancarias y económicas.

La idolatría del dinero, logró reunir tal y como es el caso de Bankia y sus tarjetas Black, la voluntad de todos los sectores que vimos involucrados a exministros como Rodrigo reo o Francisco Verdú, Arturo Fernández y Francisco Baquero, Pedro Bedia, todos referentes en diferentes sectores. Políticos, Económicos, Sociales, Laborales, etc. Aducidos por el dinero y explotados a Mercer de los antojos de unos pocos. Utilizando el dinero de todos los ahorradores para sus capacidades.

Uno de los problemas sociales de España, es que ser rico se ha vuelto sinónimo de estafador, ladrón, malversador y desafortunadamente, se viene sembrando desde la década de los ochenta. En la que llevar un BMW o un Mercedes Benz se te etiqueta de "*hijo de puta*" y esto puede tener una explicación muy sencilla.

En España se prefiere que la gente piense en que es mejor ser pobre que rico. Se cree que el dinero es malo, y en cierta forma se ha extendido esta creencia cultural sin sentido real. Por ello, emprender en España no solo es costoso, es prácticamente imposible y me refiero a emprender una buena idea de negocio o un nuevo proyecto industrial. No un hotel o una panadería y mucho menos una agencia inmobiliaria. La historia nos ha dado ejemplo ¿De qué hablo?

Juan de la Cierva y Codorniu. El gran inventor del autogiro, Muchos se enorgullecen de este inventor, pero lo que no se conoce es que los políticos de aquella época no fueron capaces de modernizar las leyes y este inventor tuvo que ir a Inglaterra a patentar su invento. Además de que el apoyo financiero de James George Weir fuese el único que recibiese este genio. Lo que los admiradores españoles y entidades bancarias de la época le negaron, quizás por no saber ver la oportunidad. Y creo firmemente que hay muchos otros inventores hoy en día en la península con la misma suerte de Juan de la Cierva. Su idea llena de polvo en una gaveta.

Y esto tiene una explicación, surgir, crecer o aportar algo en España se hace históricamente desde la meritocracia o el enchufismo. Se premia al flojo y no al genio. Se aplaude al cara dura y no al hombre hecho y derecho. Se desdeña la educación y se sobrevalora el latifundio. No muy distinto al clasicismo británico. La diferencia es que no nos ponen medallas, títulos y subvenciones. Pero el resultado es casi similar. Vivimos anclados en la cosecha, el vino, el jamón, la fregona y poco mas.

Si usted cree por mis palabras que soy anarquista, comunista y republicano, o fascista o cualquier otro extremo. Disculpe, mis palabras, pero no puedo evitar ser duro con nosotros mismos, pues creo que solo así se podrá lograr mejorar. La critica debe ser constructiva, pero en política y en estos tiempos ¡no!

Y hablando de extremos, algunos ven en Podemos la oportunidad de cambio, creen que barriendo efusivamente lograran limpiar de la alta dirección a esos ineptos que nos conducen a nada. Creen que la revolución es sinónimo de cambio. Y he de decir que si, seguramente ese vecino que tiene esa pequeña empresa que conduce un BMW se quede en la calle, pero los políticos seguirán disfrutando del poder, no importa el color el signo político de quien gobierne. Podemos dejará tirado a su electorado. Sus consignas son puro humo.

Este panorama sociológico genera en algunos casos la irrupción de personajes, sin sentido cómo esos fraudulentos socialistas no demócratas. Lobos con piel de oveja sin duda. Pues son más comunistas de libro, mas que otra cosa. Y tienen voz y voto por consecuencias de la sordera selectiva de los políticos en España. Son producto de rencor, el odio o el resentimiento y esos votantes en su mayoría solo votan por emoción. Esos votantes que pretenden castigar a los políticos sin darse cuenta que acabaran castigados ellos mismos.

Por tanto podemos decir claramente que partidos políticos como "Podemos" surgen como consecuencia directa de la incompetencia sostenida durante un largo periodo de partidos como PP y PSOE. La explotación de empresarios y banca, y la desidia en general de todo el pueblo a negarse a ver lo evidente. Que es expoliado, explotado y esclavizado. Muy al contrario de lo que la carta magna establece desde sus inicios. Por tanto, podría objetar que el conjunto ha dejado de cumplir la ley y solo existe la ley de la selva. Imposición por bravuconearía mas que por sentido común.

Quizás la emoción de estar en democracia de esos primeros años del Suarismo y el Felipismo han mermado. Ya la monotonía nos consume, la poca emoción, las pocas ideas, los pocos planes de futuro y el pesimismo está ganando presencia. Pues sin duda el comunismo, la dictadura, la represión, los extremos han vuelto para ser el pan de cada día. O más bien el circo de cada día. Y creemos aun en ese fantasma fallido del Revolucionario, queremos ser aquella epopeya francesa de 1785. Trasnochada en tiempo, espacio e ideas.

La inmediatez con la que queremos respuestas, nos está cobrando la seguridad democrática que vivimos desde hace décadas. Preferimos el pan para hoy, sobre el hambre para siempre. Sumando a la bipolaridad emocional de la tertulia española. Tenemos un cocktail perfecto para convertirnos en una Cuba Europea.

Y ciertamente los hijos de aquel imperio Español se nos han adelantado, Bolivia, Ecuador, Venezuela, etc. Hoy democracias convertidas en pseudo comunistas. Qué castigan a sus propios por defender la supuesta equidad comunista que la propaganda gubernamental de esos estado promueve. Esas mismas teorías de Podemos han modelado con el beneplácito del partido comunista.

Ahora bien, mucho más allá de mi opinión, la observación o el mero prejuicio de mis conclusiones, motivadas por mis vivencias son en esta introducción para que me den paso a desarrollar una idea que vas por mi sien, que a voz abierta proclamo en este ensayo. Buscando alertarnos de lo que pudiese ser el hoy, sin mirar mucho más allá, porque al final, el hoy es el futuro.

La crisis económica que explotó bajo las bóbedas del propio estado norte americano. Sumado a la pandemia de los mercado financieros, bursátiles, bancarios y monetarios. Demostró la incompetencia continuada de la clase política española. Aquellos socialistas que nos ponían an la Champions del Mundo Económico y los salvadores de la crisis que camuflando nombre y tutelares llevaron a sumar 5.500.000 españoles a la lista del paro.

Pareciese que nuestra memoria es corta. La crisis de 1873-1898. La crisis de 1913-1936 y por continuar la crisis de 1971 que muchos no dan aun por definir un final. Tiene sendos paralelismos con nuestro historia desde la guerra de Cuba y Filipinas, pasando por la guerra civil y la misma transición. Tienen en su formula la especulación, el endeudamiento, el debilitamiento de la moneda. Todos signos de recesión económica que aun vivimos.

La pregunta es ¿Qué nos depara el futuro? Pues bien, no creo que usted y yo podemos dar en pleno con el devenir pero seguramente si podemos tener las mismas sensaciones. Una gran incertidumbre pues la poca planificación del futuro es evidente. El continuado endeudamiento publico y privado, no nos permite ver un futuro muy alentador ni para nosotros ni para nuestras futuras generaciones.

Pienso y creo, que nos estoma dejando llevar por la sin razón. Y tal como esta introducción las emociones no nos dejen ver la solución a la problemática actual y tampoco, nos permite planificar un futuro con visión, optimista de esa utopia que tanto usted como a mi, nos gustaría poder vivir, en la proximidad temporal si pudiese ser posible.

Aunque tal y como todos, lo único que queremos es poner un planto en nuestra mesa, para los nuestros, vivir con tranquilidad y seguridad. Lo que creo y estimo que el 95% de la población mundial quiere y requiere. El problema esta en ese 5% que algunos pocos solo anhelan reconocimiento, poder y en el peor de los casos egoísmo e idolatría propia. Que es ahí donde nos vemos desprovistos usted y yo de este plato en la mesa. No de un techo que por carta magna a algunos no se nos entrega y otros muchos, luchando por proveérmelo. El propio gobierno falla en pro del especulador.

Por tanto, el mercado financiero, el aparato gubernamental y los extremistas antisistemas nos azotan en esta nueva crisis, pero usted y yo, solo somos peones en este juego de ajedrez que nos han metido sin avisarnos. En este sistema siempre de explotación. Aquí estamos usted y yo. Viendo cómo los obstinados del Olimpo llenan su ego, sus bolsillos, su ambición, mientras nosotros buscamos arroparnos en estos tiempos de frio y lluvia.

Pero ¿Es que a caso solo ellos son culpables de este desbarajuste? Pues no lo creo, la pasividad del conjunto de la sociedad mientras todo marcha bien, es un factor importante en todas las crisis y sin más reconozco nuestra mea culpa. La apatía a esperar que otros resuelvan nuestros problemas, se nos ha hecho un factura impagable. Somos sin más responsables del incierto futuro que nos adviene y hemos tirado por la borda el porvenir de las nuevas generaciones.

Quizás sea cierto, somos la generación mas apática de la historia, en medio del mayor progreso tecnológico e industrial de la humanidad.

Pero siempre hay esperanzas, siempre hay posibilidad de corregir rumbo y recuperar gran parte de lo perdido. Mientras existan hombres buenos, no habrá negligentes ni dictadores que castiguen al pueblo. Porque si así fuese siempre habrá un tiempo de paz. Ese que se disfruta, ese por que que peleamos cada día, ese que al llegar a casa, su mujer y sus hijos se propician unos a otros.

CAPITULO 2

EL CONJUNTO

Una sociedad fragmentada en tribus que no se reconocen unas a las otras.

La complejidad de la sociedad es un tema muy largo e interesante que no voy a exponer en este ensayo. Pero que en cierta forma trataré de retratar la generalización y las etiquetas. Además de la gran pluralidad y diversidad de personas, pensamientos y opiniones. Por ello, englobaré solo una parte en la que toda la sociedad tiene el punto de mira por dos opciones. Porque se simpatiza o porque se rechaza.

■■

Imaginemos que esta parte de la sociedad que compone el liderazgo político. Y los sustituimos por la representación de una familia que se va de viaje. ¿Son muchos cierto? Pero quedémonos solo con un representante de cada partido político. Por una parte, esta el padre quien gobierna, el hombre que trae el salario a casa, que dispone económicamente de lo que requerimos. Además, representa la seguridad, la justicia y la equidad. Luego como en toda familia la madre, que en este caso solía ser oposición, cuya misión es procurar administrar los recursos de mejor forma de lo que la realidad que conocemos únicamente propiciada por el padre (ese gobierno en funcionamiento) y luego los hijos.

Os propongo una hija mayor, próxima a la edad de emanciparse, estudiosa pero aun con la inexperiencia de un mundo que no ha explorado en su totalidad. Pero, que reconoce en la corta experiencia que su mayor valor es la crítica. En un aspecto emocional, esta hija tiene la arrogancia, el autoritarismo y el egoísmo como sistema de gobierno.

Luego aparece un hermano mediano, aplicado, estudioso, observador, juicioso y con un alto interés por dar una reforma a todo lo que le rodea, con el interés de mejorar todo. Podríamos decir que es un hombre conservador, educado y con el interés en modernizarse y modernizar en ciertos aspectos de la vida que en su juicio lo requieren.

Y por ultimo, el hermano mas pequeño. El más problemático, todo un antisistema, se cree abandonado a su suerte y dejado por sus padres, piensa que no ha tenido todo lo que merece y ya en su corta edad ha visitado correccionales. Este pequeño incorregible tiene como biblia los discursos de Lenin. Su envidia, llega a tal punto que le gusta instaurar su propio concepto de equidad, para ello primero quitará a todos, y una vez e amase todo ese poder, decidirá con su resentimiento que debe llevar cada uno. Olvidándose de la igualdad que proclamaba. Todo un niño problema, toda una oveja negra.

Y por ultimo, un recién nacido, que nos representa a nosotros

Quizás ya usted le ha puesto cara a esta familia política pero antes de proseguir, vamos a representarlos en un viaje de vacaciones ¿Porqué? Creo que podría ser el mejor ejemplo, el recorrido que transcurre desde la salida del hogar hasta el lugar de veraneo. Es sin duda un momento de ansiedad, por querer llegar a ese estado anhelado. Tal y como hoy, vamos en este tortuoso camino hacia la salida de la crisis, ese momento tan esperado por todos. Bueno menos aquellos que aun siguen de vacaciones, que obviemos y por ello representaremos en este viaje a la familia únicamente. Además, podré ir adjuntando otros personajes que también tienen protagonismo en esta crisis sin precedentes.

Pues ¿Todo listo? ¡nos vamos! Esta furgoneta (van) marca seat, será quien albergue a esta España. Una marca muy nacional con maquinaria alemana. Es decir, una España instalada en la economía dependiente Europea. Es amplia, cómoda y refleja muy mucho lo que somos hoy como nación. Todos estos factores nacionales de este el reino mas antiguo de la Europa occidental. Debemos pensar que estamos en el 2008, aún no llegó la crisis, pero ya se deslumbra en el horizonte, ya se ven todos los síntomas.

Pero, como estamos de vacaciones, quien ve noticias. Si lo único que nos interesa es el tiempo, el futbol y la playa. Es decir, muy semejante al tópico que le expliqué a un amigo norte americano como "Spain, party & Drums".

En estas fechas mamá conducía mientras papa como es costumbre se quejaba de lo mal que lo hacia, y lo peor es que en ciertos aspectos tenia razón. Creo que comprenderán el símil que propongo. Ese gobierno que no fue aparentemente corrupto, pero que en todo caso fue incompetente. Aunque descubriríamos a Modoro en Caracas haciendo business para el dictador Venezolano. La incompetencia viene dada por su falta de reacción y sobre todo su obsesión por solo verse el ombligo. Se demostró que por muy orgulloso que se ponga la izquierda diciendo que son los más eruditos y preparados, por lo visto en lo primordial de la actividad del gobierno, sacaron un cero. Es decir, administrar y gestionar problemas no se les dá bien y mucho menos con el fantasioso "Plan E".

Volviendo a nuestra familia, lo que ocurría era que en lugar de ir por la autovía, nos encontrábamos súbitamente en una carretera comárcale y se nos acababa el combustible. Lo que ponía en tensión a toda la familia. Y mamá se saltaba las señales de atención y precaución. Debo señalar que es posible que supiese hacer muchas cosas a la vez. Pero, ese GPS Norteamericano dejo de indicarle el camino al que ella estaba acostumbrada a ir obedeciendo a pesar de demostrarlo por ideología. Al final, esta circunstancia nos colocó en la tesitura que no sabíamos, donde estábamos parados.

Si estamos en esos años de incertidumbre del desconocimiento sobre lo que podría ocurrir, a los años en el que creíamos que estamos quebrados, y tal cual le pasaba a nuestra furgoneta, no tenemos combustible. No sabemos dónde estamos y peor aun, no tiene se ve una estación para repostar. Ni cerca, ni próxima en la inmensidad de la planicie manchega. Como suele ocurrir en estos casos, mama y papa empiezan a discutir.

Esa discusión aun ha hecho mella en ellos. Aun continuan con ese "y tu mas". Y cuando hay riñas todo se vuelve harina, normalmente en medio de estos conflictos siempre hay alguien que se aprovecha de esta situación para sacar ventaja. Simultáneamente esa tensión, esa discusión afecta a todos. Y empieza a crear una gran inestabilidad.

Es lógico, no solo la discusión entre padres por la tensión, sino la prole también. ¿Qué cuándo llegamos? ¿Qué me aburro? ¿Qué porqué no conduce papa? ¿Qué mama mejor para que tu no sabes? Hasta subir el tono en el que todo son suficientemente capaces de conducir y llevar a la familia a destino. Esta situación, es culpabilidad directa de los políticos, ellos lo titulan el despertar de la conciencia colectiva para acusar atención y protagonismo.

Y lo que realmente ocurre es todo lo contrario, el egoísmo y la falta de comunicación genera caos. Y en consecuencia esa inestabilidad tiene como respuesta lógica busca salvar sus intereses individualmente y por ende, se crea la insolidaridad potenciada con el egoísmo. Y sobre todo esos capitalistas noveles cierran su empresa y corren a suiza a poner el pequeño capital que ha ganado en la especulación inmobiliaria, pero no todo se trata de capital económico. Se trata de confianza política.

Ese hijo pequeño, empieza con su campaña de marketing para reclamar su atención. Amenazando con una acampada en el salón de casa hasta que se le restablezca sus derechos, en esta caso es poder ir al destino de vacaciones para jugar con sus amiguitos, les gusta las pintadas por la ciudad, las consignas antisistema, y por consecuencia, los otros hermanos también hacen sus reclamaciones. Y en medio de una carretera es difícil poder dar salida a las exigencias de toda esta prole.

Y los kilómetros continuan, y la tensión va en incremento, todos están en esta batalla del todos contra todos. Y de repente, a mama se le ocurre el Plan E. Y si nos gastamos todo lo que tenemos para mejorar la imagen de nuestra furgoneta así aunque no nos movamos será mas habitable. Otro pelotazo más para sus amigos constructores.

Todo se dispone como un despropósito, es como si se tratase de una cadena de errores, lo que se supone que no debe ocurrir pero ocurre. Políticos inexpertos y con poca capacidad de visión. Bancos recién constituidos con gigantescos agujeros en sus cuentas, comunidades autónomas incrementando el gasto sin entender y atender que deben procurar futuro. etc.

Este panorama obliga a convocar elecciones, pero quizás lo que realmente necesitamos son sistemas de gobierno en tiempos de bonanza que sepan adecuarse a tiempos de crisis. Es decir, que la dinámica en la administración del estado sea mucho mas activa y no un libro de cuentas cómo se utilizaba en la época de la expansión colonial. Lo que se traduce en un estado modernizado, no en una nueva carta constitucional. Una situación que realmente necesitamos para flexibilizar dentro de la administración y eso no nos lo da el sistema actual más rígido y menos directo. Pero mientras promulguen cambio de banderas o poner himno sin resolver los verdaderos problemas estamos condenados al fracaso. Porque es necesario suprimir los dobles cargos nacionales.

Pero, lo que nos interesa ahora mismo, es saber donde está nuestra familia. Y lamentablemente están en una vaguada a muchos kilómetros de una estación de servicio debiendo si mama debe conducir o si papa es más apto para la labor. Mientras nosotros ese recién nacido despertamos hambrientos, sin que este instante se nos haga caso alguno.

Al final someten a votación y hay empate. Por lo que se decide que sea ese bebe quién defina el ganador. Y aquí se notará la política de interés donde todos ponen la mejor cada, le agasajan con piropos a ese pueblo asustado y agotado, prometen regalos y promesas fatuas. Si, nos utilizan. Pues somos manipulables como ese bebe, en todo concepto y realidad para ellos es la única formula de comunicación. Pero hemos decidido que sea papa quien conduzca como castigo a mama.

Ya decidida la situación, empieza el nuevo gobierno a tomar asunto en el plan principal, que es buscar recursos y lo primero que se hace es una auditoria. Como están esas cuentas, lo ejemplificaremos con el depósito de combustible de la furgoneta. Y dice, que la autonomía es de 56 kilómetros. Además de la luz encendida de la reserva de combustible que mama dice no haberse dado cuenta. Lo que realmente ocurrió es que se debió ver antes por la situación y decidir de forma mas racional como atajar la solución.

El hecho es qué buscando información el GPS dice que la próxima estación de servicio está a 62 kilómetros, por tanto parece que no llegamos. Y aquí empieza la frase inventada del un rescate que no es rescate. Ese momento en que las caras largas de preocupación se ven hasta bajo la moqueta. Y la pregunta es ¿Si solo nos queda combustible para 56 kilómetros? ¿Cómo es que llegamos a la estación? Y el truco técnico lo explico.

Hoy sabemos que el gobierno tiene hipotecado casi el 100% de lo que ingresa. Pero como financia ese crédito, préstamo o hipoteca, pues con los bancos y digamos que en lugar de asumir que debía el dinero, puso la titularidad a los bancos para así quedar como héroes, hablando del rescate bancario y no del rescate económico de un gobierno deudor de casi el 100% de lo que ingresa.

Lo que traduciremos en esta frase de Neil Amstrong. Cuando llegó a la luna y casi quedan sin combustible. Que dijo, todos sabemos que el deposito siempre quedan dos o cinco litros mas. Es decir, que la furgoneta podrá llegar a la próxima estación de servicio.

Todos estaban expectantes por conocer que ocurriría, si lograrán llegar o simplemente tendríamos que llamar a la grúa. Y corrían los kilómetros y la tensión se hacia cada vez mas evidente en la cara del padre de familia. Pero mientras la radio no daba buenas noticias, aunque como todo, no siempre hay que fiarse de lo que se escucha.

Esta carretera llena de curvas y subidas con mucha pendiente, consumía esas reservas. Y papa, tomo la decisión de llamar al seguro para que le enviase su servicio de asistencia en carretera. Quizás ahora se comprenda mejor ¿cierto? Todo un rescate, aunque le llamen un linea de crédito para los bancos. Fueron minutos tensos, el hecho es que llego la gente de ese seguro y nos colocó suficiente combustible para continuar hasta la próxima estación de servicio.

Una vez que llegaron a la estación, como es evidente, cuando alguien cumple un objetivo, se coloca los galones, las medallas y la titulitis de vencedores de la batalla. Pero el hecho es que los que realmente rescataron la situación fue el seguro. Esos alemanes que respaldaron a España. Esa Europa que saca pecho por todos, esos mismos que no entiende de humildad, que se les olvida los miles, perdón millones de españoles que están en casa sin hacer nada, que no tienen trabajo, que están perdiendo su techo y que peor aun, no tienen siquiera que comer. Mientras sus amigos juegan a la Gurtel, la Punica, Los Eres y Bankia.

Como suele ocurrir cuando pides dinero, quien nos presta el dinero que necesitamos por las tres pésimas administraciones que hemos tenido, no le queda otra que garantizar su dinero, imponiendo políticas económicas, sociales y de acción que los cobardes mermados e incompetentes no quisieron imponer, pero prefieren enviarnos a la crisis.

Lo que evidencia a ese agente del seguro que nos rescató informándonos de tomar precaución en el consumo del vehículo en los kilómetros que quedan para evitar que volvamos a ser rescatados, perdón auxiliados por el servicio de asistencia de carreteras.

Y ¿porqué ocurrió esto? Pues es sencillo, falta de planificación de previsiones y porque no hay un modelo de estado en conjunto que ponga un desarrollo sostenible del aparato de gobierno, ni de sus dependencias. Todo tiene duplicidad, comunidades autónomas y diputaciones. Embajadas de gobierno y de comunidades autónomas. etc. ¿Para qué queremos tal gasto? ¿Porqué no se pensó en el boom inmobiliario? ¿porqué no se ajustó la ley bancaria? ¿Qué hicieron realmente todos los gobiernos desde 1990? ¿Qué aportación hicieron al sistema para evitar la crisis?

Respuesta. ¡Parece que ninguna! Se dedicaron a pedir préstamos a Europa para hacer esto o aquello mientras la política la dejaron estacionada en una pantomima de bando y bando.

Los políticos y la política en España no ha estado a la altura de la circunstancia, no han sabido mirar más allá de Suiza. Y peor aun, solo saben comerse el dinero que usted y yo pagamos, por eso creo que viven muy mucho del cuento.

Hay que ser muy soberbio para decir que "Rodrigo Rato" es el artífice del boom inmobiliario. Primero es imposible y segundo se ha demostrado su incompetencia. Por eso afirmo con rotundidad. Que fuimos todos los españoles los que impulsamos ese momento, motivados desde la banca con dirección europea. Ni más ni menos.

Pero volvamos a esta familia española. Llegaron a esa estación de servicio con el propósito de llenar el deposito. Y como es lógico ya nos estamos gastando el presupuesto de las vacaciones. Sin haber llegado al destino. Pero eso empieza la operación recorte. Pero no bajaremos los gastos de estos que nos gobiernan. Mejor pensamos en recortar el dinero a la prole. Menos pañales, menos datos para el movil, menos yoga, menos paga. Mientras mama y papa no cambian ni un ápice sus tren de gastos, sus planes de viaje estarán intactos, siendo ambos responsables del desastre. Directa o indirectamente.

Y como es evidente, cuando se lo comunican a la prole, hasta el bebe se resiente. Escogí este ejemplo , porque siempre son los más vulnerables y son los que asumen el primer enviste de estas políticas altamente destructivas.

Ya se conocía el sostenido movimiento de fuga de capitales en las legislaturas de José Luís Rodríguez Zapatero (Zapatiñas) Esos capitales que hoy por hoy la policía como buen perro sabueso va localizando poco a poco. Qué suman miles de millones. Esos mismos que hacen falta y que les exigen a quienes no tienen.

Hace unos años se pensaba que los políticos que robaban hacían su cumplido, hoy ya le quitamos la venda sabiendo lo que hacen, ni buscan mas soluciones del la frase ¿cuánto es para mí?

Al final aun no sabemos cuantos esfuerzos aun nos queden por hacer, el futuro nos puede deparar esquinas filosas que nos pueden obligar a tomar decisiones acertadas o fatídicas. Solo esperemos que usted y yo. Podemos al menos poder disfrutar de una vida con cierta tranquilidad, esa que día a día luchamos para poder proveernos, para que luego otros se pongan medallas por nuestro esfuerzo en conjunto como sociedad.

Para mi los políticos son esa pandilla de personas, que aun sabiendo las soluciones a los problemas, siempre tienen por respuesta aplicar la peor opción. Motivados siempre desde su egoísmo y su propia egolatría. Pero sume los que por su educación profesional, carecen completamente de visión, experiencia y capacidad de gobernar.

Por eso, "Podemos" estar peor "Ciudadanos". Pero entre populares corruptos y socialistas liberados. El futuro parece caótico. Aunque siempre quedará Alemania. O para que diga que hacer, o para emigrar y trabajar en lo que sea. Sin que te digan tus títulos de ingeniero industrial te sobre califican para ejercer tu derecho a trabajar.

CAPITULO 3

LA CASPA Y LA HISTORIA

De la resistencia a la Spanish Revolution, una visión desmembrada de la necesidad de un estado trasnochado para con sus ciudadanos.

El estereotipo marcado en la propia imagen de ese dirigente político y sus aliados, ha nombrado sin lugar a dudas este mote peyorativo de caspa. Propiciado por el buen uso de su discurso sobre la casta política española. Que irónicamente poco a poco se adentran en sus mismo modelo de ideología y moderación política. Ello sin contar que en su corta edad ya tienen en su haber escándalos políticos y jurídicos desde el mismo día de su constitución.

■■

Este grupo conformado por una gran diversidad de extremos, conforma en si mismo y en el conjunto, el idealismo de la novela de los miserables dentro de su pronunciación de políticas y economías. Por tanto, revolucionados mas no revolucionarios de todos los rincones, crecidos por el desasosiego y el mismo descontento de un pueblo explotado, expoliado, esclavizado y descuartizado por el mismo estado de derecho que hoy por hoy, pareciese que solo beneficia a unos pocos. Es sin duda una tormenta perfecta en todo contenido y extensión.

Hay quienes creen la frase de George Orwell que dice: "En una época de engaño universal, decir la verdad es una acto revolucionario" aunque la duda esa en saber quien nos dice la verdad o tiene la verdad. O quizás por lo menos se le aproxime más a ella.

Lo que preocupa y ocupa muchos titulares en la prensa, es la evidente y contundente manifestación de empatía entre los dictadores del partido político y el desdeñoso dictador pseudo castrista heredero del chavismo. Nicolás Maduro Morós, por que el líder de Podemos y este son tan similares en sus espejismos de marketing político e ideológico que el fracaso en todos los aspectos que sufre no solo el país caribeño, sino muchos de sus socios que han tenido la regaliz de pagarse su campaña electoral desde Caracas, propiciando la desconfianza de la mayoría de los demócratas de ambos lados del océano atlántico.

En Venezuela, existe un afán casi enfermizo en la población menos culta históricamente hablando, con la figura y los hechos que consolidaron a Simón Bolívar como el gran Libertados de las Américas. Sumados a los excesos producidos en aquellos convulsos años de 1810 a 1820, lo que se tradujo en una religión desvirtuada y enfermiza que desdibujaron historiadores en los años setenta del siglo pasado. Una reconstrucción según estos, de la propia historia que hoy los gobernantes de esos territorios dibujan a la madre patria como causante de sus males, tras más de dos siglos de independencia. Por ello disfrazan sus errores imputando como mayor enemigo a la propia España democrática de hoy en día.

Ello motiva a estos verborreas a diseñar golpes contra el propio estado de derecho de nuestra nación, lo que en mi opinión es una declaración de guerra que los gobernantes nacionales en España no han sabido responder con contundencia y sin titubeo. A lo que los caribeños responden con un ataque por la puerta de atrás. Aventajando del propio partido comunista y financiando una marca blanca y aparentemente descafeinada llamada Podemos. Qué irónicamente se funda csolo 87 días después de que Juan Carlos Monedero recibiese 425.000€ por asesorías al régimen de Hugo Rafael Chavez Frías. Un caché que ni el expresidente Bill Clinton puede anhelar cobrar por sus conocimientos. Que dicho sea de paso, son mucho más eficaces y efectivas que el Republicano de padre fascista según sus colegas de partido. Pues su padre milita en el Partido Popular.

Quizás esta simple realidad, se le parezca a una situación completamente incomprensible pero mi querido europeo en otras latitudes son argumentos de peso para incluso gobernar, robar, malversar y ganar votos. Le recuerdo que no hace mucho hubo un pequeño partido político que llegó a someter a Europa a sus reglas de juego, y fuimos en España el conejillo de Indias de aquella psicótica polaridad que nos condujo a una guerra civil en el que no solo se demostró que la guerra fue un error, sino que se probó todo el arsenal bélico de casi todos los bandos de aquel conflicto mundial denominado Segunda Guerra Mundial.

Lo interesante del movimiento del partido Podemos es que su mayoría de electores aun dan por hecho que sus dirigentes son demócratas socialistas. Aunque el incipiente movimiento estaba articulado desde el partido "Izquierda Anticapitalista" donde fue publicado el manifiesto "Mover Ficha" que le invito a que tome la precaución de leerlo.

Ya desde este comienzo, apuntaban ideologías obsoletas así como una visión soviética o bolchevique de un comunismo tardío en la península. Y por ultimo un apoyo inédito y preciso a la independencia de las regiones en conflicto dentro del territorio Español.

Otro aspecto que marca intereses, es su guerra declarada al sector financiero, bursátil y empresarial. Lo que les ha puesto en señalamiento de populistas con denominación de origen. Por tanto, sus ideas sobre la lucha contra la hegemonía de Gransú, el populismo fundado supuestamente en la razón y la mística de Laclau, Lenin y Carl Schimitt, parece un coctel de ideas vario pintas en las que el supuesto igualitarismo republicanismo y comunismo, dicen ellos que confluye en equilibrio.

Es decir, ser rico es malo, que todos no tengan oportunidades y lo que hay es de todos. Una Cuba castrista a la Española.

Este nuevo liderazgo mesiánico, populista, clava en su "copy&paste" la dictadura caribeña del fiambre dictador Hugo Rafael Chavez Frías, amigo y defensor de los tres espadachines Pablo, Juan Carlos e Iñigo. Quienes sorprendidos posiblemente por el despojo de poder que pavonea aquel tirano, vieron la posibilidad de trajes esa franquicia hacia en ideas de volver a las tesis de la república por la izquierda, no en consenso. Lo que firma otra vez un tercer fracaso y alienta a los nostálgicos del dictador Franco que tienen la misma devoción por enfrentarse a estos.

Su irrupción, a la presidencia fue en apoyo de aquellos pequeños partidos que se vieron crecidos en las elecciones por un político verborreico mesiánico que prometió un primer mundo en solo dos años, lo irónico es que estos calcan con precisión todos los consejos que Caracas les indican ¿Pero son o no de izquierdas? ¿Y los españoles lo saben?

Según un barómetro de abril del año 2015, del centro de investigaciones sociológicas, ubicaba a Podemos en la escala donde 1 es izquierda y 10 derecha, con una nota para este partido político del 2,29. Pero no se matiza, como todo en España, si no es blanco o negro, los colores no existen y mucho menos las diversidades de la derecha y la izquierda.

Evidentemente no son únicamente comunistas, tampoco socas demócratas, no son verdes, y siquiera son de la izquierda radical. Esta incertidumbre para algunos se vuelve oportunidad para ellos lo es sin duda. Pues al no haber una etiqueta muchos piensan que es esa alternativa de centro que necesitan y votan, sin pensar o asumir el riesgo que representa esta formación.

Reconozco que mi escrito mas se asemeja a una teoría paranoica que evidenciara de un lobo disfrazado de piel de cordero, en mi visión sobre esta formación política. Le pido que intente someter a juicio no mi escrito sino las tesis de este partido. Pero vamos a hacernos ciertas preguntas.

¿Instaurar una república mejorará su situación personal? ¿lo que hoy es de todos, logrará espantar a los corruptos? ¿controlar la banca atraerá capital e inversión? ¿un profesor teórico tiene más idea del mundo laboral que otro profesional que la ejerce? ¿cuál es su opinión sobre Pablo Manuel Iglesias Turrión? ¿Y qué opina de sus compañeros Iñigo Errejón y Juan Carlos Monedero? ¿Qué sabe usted exactamente de que es una república? ¿En las repúblicas no hay escándalos de corrupción? ¿A dónde debe apuntar la educación a ser eficiente o ser nacionalizada con fines nacionalistas? ¿Qué papel tiene hoy la iglesia? ¿Salir de la OTAN nos hará mas seguros? ¿Disolver el ejercito es garantía de igualitarismo? ¿Está de acuerdo que le expropien su casa con fines gubernamentales? ¿Cuál es su estatus económico, social y cultural? ¿Conoce la realidad que sufrieron los pueblos del eje soviético en Europa? ¿Cuál es la mayor economía en Europa y porqué? ¿Esos países que lideran Europa son República o Monarquía? ¿Conoce algún Venezolano que te explicase con sinceridad la realidad de su país? ¿Crees firmemente que con Podemos gobernando con sus tesis estaremos mejor?

Desconozco sus respuestas, pero en el supuesto que encajen con afirmación o simpatización con la tendencia. Solo le ruego, que cuestiones sus ideas, sus respuestas y sea verdaderamente objetivo, por tanto donde en ellas solo así, podrá llegar a una conclusión verdaderamente clara, sin emotividad. Aunque su tiene claro su motivo por afirmarse podemista. Ruego deje este libro a otro que lo aproveche.

Pero, cuidado no crea usted por mis palabras que soy falangista, fascista y mucho menos pepetista. Pues usted corre el riesgo de ser el otro extremo desdeñado desde su proyección personal de sus propios defectos.

Lo que quiero en todo caso, es activar en usted la búsqueda de una verdad, de una necesidad que debe ser igual en usted y realmente indagar en que necesitamos cambiar. No sea que por caer en la demagogia, podamos estar peor aun de lo que hoy en día vivimos. El egocentrismo y la pereza de los partidos y sus dirigentes nos han arrastrado. Que no sirva para ponernos nuevamente en un enfrentamiento civil.

Así mismo, le invito a dejar los extremos. Es decir, no se fie del radical izquierdo, ni del derechista extremista. Nada de lechuga o berenjena en su dieta política. Todo en un punto medio es y será siempre la mejor forma de conducir a buen puerto cualquier crisis.

Y repito crisis, que ha sido el provecho del dictador de Caracas, lo que ha aventajado su franquicia a colaborar o mejor dicho a dirigir e impulsar la nueva batalla Bolivariana del Siglo XXI. Lo irónico es que hoy aun hay españoles que creen en estas herramientas leninistas estalinistas. No son mas que soñadores al servicio de un lejano dictador.

Esta enajenación mental colectiva, se ha saltado en rabia el sentimiento de pesadumbre que generó la guerra civil. Matándonos a todos, repito todos los bando. Por eso creo y corroboro que el voto a estos partidos es únicamente emotivo. Son por tanto imberbes, ingenuos y posiblemente con pocos conocimientos de aquellos años difíciles.

Aunque ellos se definan "progresistas" tendrá que volver a estudiar, leer y volver a nacer en algunos casos para siquiera semejarse al Partido Progresista que se fundó en España en 1835. Y recuerdo que su ideología política era el liberalismo, progresismo y monarquismo. Donde militaron generales de gran calado como Juan Prim o Baldomero Espartero. Así como hombres y nombres tales como Juan Alvarez Mendizábal, Agustin de Argüelles, Salustiano de Olózaga y Pedro Calvo Asensio.

Querido lector, el progresismo es una corriente política de centro izquierda, formada por doctrinas que en su conjunto apuntan hacia el progreso integral del individuo. Donde la igualdad, la libertad y la justicia fluyan como derecho civil. (le suena). Lo que en 1789 saltó como una famosísima revolución francesa, y que hoy nuestra carta magna recoge e incluye.

Traer hoy en día este concepto de captar votos en una economía global y perteneciendo a la unión europea, es impensable. Pero por los hechos que vemos, no es imposible, lo que sorprende es el apoyo que recibe o está recibiendo de una parte del electorado. Y es evidente que en esta crisis se ha fraguado una nueva desigualdad social, pero no se comprende el formato o la formula que se está apoyando.

Bien, supongamos que nos gobiernan. Y su formula de la república se imponga ¿Cree usted que la demagogia, la corrupción, el descontento social y la economía van a mejorar de forma inmediata? Normalmente, toda república necesita ajustes, y para que funcione de forma correcta se necesitan décadas y al menos 5 constituciones continuas para alcanzar un nivel optimo.

Ahora bien, cree usted que un hombre que ha sido capaz de infringir la ley, no solo tirando botellas, quemando contenedores, agrediendo a políticos es el hombre modelico para que le gobierne. ¿Para qué nos gobierne? Le ruego que se acerque a una Agencia de Viajes, y pida el primer billete de vuelo a Caracas o la Habana y hable con muchos hasta que dé con la verdad del país… he dicho muchos no con el agente de inmigración que le dirá que está encantado.

Particularmente, me daría mucha vergüenza no solo por la imagen que daría cuando llegase a Italia donde fue detenido, sino por que creo y sostengo que todo el estado de derecho estaría en riesgo de quedar reducido a papel mojado. Es por decirlo de otra forma, un desaire a todos los que nos precedieron buscando darnos este bienestar que muchos disfrutan y solo algunos aprovechan para hacer fechorías.

Por tanto, creer que cambiar el nombre a un país, la bandera, una constitución y eliminar el ejercito traerá progreso. Puedo negarlo rotundamente, es mas creo que el problemas es mas sociocultural, y en algunos casos económico. Así mismo, pretender no pagar la deuda puede generar un descontento dentro y fuera de las fronteras. Ademas de alejar el progreso, ese progreso que Francia pudo alcanzar en otras cosas, por grandes genios de la química.

Progresar está en dar cabida a las empresas a expandirse a generar empleo de calidad. No en derogar lay tras ley según el color y la ideología del mandatario de turno. Cuando la educación se mejora desde el verdadero conocimiento de la ciencia y la tecnología, siempre se genera frutos.

Si por el que se apuesta para gobernar, emocionalmente tiene tatuado preceptos comunista, le pregunto ¿con quienes se cree que se va a rodear? Antisemitas, apólogas de terrorismo, fascistas, bolcheviques, etc. ¿es lo que realmente quiere que le gobierne?

Dejar el coche oficial, donar parte de su sueldo, parece un acto muy noble ¿y sabe que? Para mi lo es. Pero ausentarse en las votaciones del parlamento europeo o saltarse la cuarentena es un acto de irresponsabilidad. Para con todos y pensar siquiera en liberar presos es un acto vandálico a la seguridad de todos.

Sea sensato. Gobernar no es un acto emocional, es administrar recursos, es defender el estado de derecho y sobretodo es dirigir a todos los componentes de la sociedad por la senda del entendimiento, la conversación, la comprensión y la equidad. Sin utilizar lenguaje soez, banal, errático y mucho menos aderezado desde el odio. No hace mucho, leí una frase de un actor mexicano apodado Chespirito que decía: "No hay formula secreta para el éxito, lo que si es la mejor formula de fracasar es tratar de complacer a todo el mundo. No se puede".

Desafortunadamente aun hay en España un gran sector de la izquierda, impregnada por el marxismo en el que el constructivismo económico es una solución. Ese mismo esquema que derrotó dentro se su modelo la URSS y la China Popula. Las han dejado apartadas para abrazar de pleno al capitalismo. Seguir pensando la idea de la planificación racionalmente formulada tal y como el alcalde de Marinaneda, es condenar a España al retraso y regresarnos económicamente a vivir y depender únicamente del campo para poder subsistir.

Creo convenientemente apostar por valores liberales basados en la tolerancia, en coexistir en la diversidad, el respeto a la mismísima libertad en lo que a opinión, critica y elección libre impone la constitución de 1978, pero es comprensible que la nacionalización y el dirigismo económico no son ingredientes en una receta para salir de la crisis. Pues impulsar el mercado libre, la empresa privada y abrir aun más las economiza es la materia prima que requerimos para dejar atrás la crisis. Por tanto, olvidémonos del constructivismo. Y de esas pócimas alucinógenas que el trio dirigido desde Caracas pretenden dar como solución para todo.

Retomar leyes no es ningún caso pretender constituir una nueva constitución, es un proceso sencillo que debió ocurrir con anterioridad, pero que la inópia de los políticos no visionó un futuro como el nuestro, mas que nada es por que el suyo casi siempre está resuelto. Y los viernes por la tarde corren a casa a hacer lo mismo que han hecho caso toda la semana… nada.

CAPITULO 4

LA CASTA Y SU BURBUJA

De ser uno mas del pueblo y escupir por la casta que no le gusta, a ser denominado el Marqués de Galapagar.

Esta etiqueta viene acuñada por los anteriores endémicos antisistema y es parte de la manipulación que han inoculado en la mayoría del electorado, es sin más una imagen distorsionada terminada desde el mismísimo odio a las instituciones, esas a las que desean llegar para convertirse en ellas, pero con la demagogia del caribeño comunista.

Ahora bien, en este capítulo no andaremos en los pequeños demagogos, mas lo que buscaremos es determinar realmente que es la casta u en donde está. Y si certeramente están o están encerrado en su burbuja. Aislados en un contexto idílico como pintan los demagogos extremistas de "Podemos".

Pero la pregunta está en misionar o dilucidar que ocurriría cuando podemistas, socialistas, pepetistas y naranjitos llegasen a los poderes del estado. A puestos de poder. Yo creo que podemos entrever esta situación con lo ocurrido en Bankia. Y no olvidemos la crisis económica mundial. Donde la diversidad legislativa de los países nos dejo titulares que comentaré oportunamente en este capítulo.

Desde el inicio de la historia, el dinero como moneda ha sido y fue polémico. Iniciando su andadura como moneda para uso en aquel primer prostíbulo. Hasta la primera hegemonía económica global cómo fue España. Con la moneda de ocho reales. Pasando hoy por el mismísimo Dollar. Y su nuevo competidor el euro. Siempre ha estado acompañada por la polémica, el robo, la injusticia, el oportunismo, el enchufismo, los intereses y sobre todo el egoísmo.

Pero, ¿es acaso la banca, el único campo en el que la casta gesta su dictado de pecaminoso andar? Pues no es así, por algún motivo cultural o social, España es recurrente en este tipo de hechos. Pero es nos hace a todos los españoles ¿participes de este modo de operar?

La tergiversación de tradición con caciquismo y el oportunismo, son la formula con la que siempre hemos perdido peso. Podríamos afirmar esa frase tan extendida por los anglosajones y pueblos liberados de sur América "La ambición Española nos perdió".

No obstante, no nos quedemos con la excusa del pasado realmente ¿que es la casta? En mi opinión engloba un gran conglomerado de personalidades, que segmentaré en sectores. En primer lugar el sector empresarial, seguido por el sector económico, el sector político y otro mucho mas pequeño que denominaremos mixto.

La casta empresarial:

Quién lidera este generalísimo del que hablamos en este capitulo por la vociferación de los podemitas. Pero ¿Es Amancio Ortega uno de ellos? Pues si pero no como lo plantean los demagogos podemitas. Puesto que su logro ha colocado como uno de los mayores empresarios españoles de la historia. Además de un hombre con sentido de humildad proporcional a su valor empresarial. Ahora bien, expondré un problema para los sectores menos pudientes, sí y no, me explico. En mi experiencia laboral tan en España como en Latino América y Estados Unidos. Me pude dar cuenta que el sector empresarial, no es una generalidad o podemos definirlo mejor, no es una etiqueta de mercenarios bucaneros, corsarios o piratas como nos creemos. Así como tampoco son Templarios custodiando reliquias desde Israel.

Pero si es cierto que en todos esto lugares donde trabajé, siempre hay un pesimismo oportunista, un mal gestor de su moral, pero un gran mercenario del dinero, y casi en su totalidad, suelen estar aliados con los otros dos sectores que nombré. El económico y el político.

En España, es la casta empresarial del sector inmobiliario lo que aglutinó a estos personajes de poca monta. De hecho desafortunadamente me tocó trabajar para uno de ellos. Y creo que vi en ellos la raza de su falta de moral. Determiné que eran empresarios con edades comprendidas entre los 55 y los 65 años. Todos ellos venidos desde familias muy humildes y que por negarse a ellos mismo, se fabricaron un traje de prosperidad a medida.

El hecho es que llevaron todos la premisa de que todo se compra. Por eso se acaban juntando con esos que se venden o venden mentiras. Por tanto, podría nuevamente afirmar, que la casta empresarial. Son un grupo de sujetos con nivel moral bajísimo, nivel cultural pésimo y con experiencias personales que no han sabido asumir desde la humildad. Y esta ultima palabra es clave para reconocer a la casta empresarial. La carencia de humildad, de humanidad.

El mejor ejemplo para personificar esta casta empresarial furtiva por denominarla de forma peyorativa e lustrarla, es el expresidente de la CEOE (Confederación Española de Organizaciones Empresariales) Arturo Fernández. Este hombre perteneciente a sea casta empresarial de mercenarios, tiene en su titulación, estafa por emisión de pagarés de nueva rumana, apropiación indebida de sus empresas, desvió de capitales a paraísos fiscales sin declarar, y por tanto blanqueo de dinero. Y como es lógico solo e quedaba el alzamiento de bienes. Que no es más que un delito socioeconómico que consistió en ocultación de todo su patrimonio para evadir el pago de sus acreedores.

Este hombre que se nombró empresario y que incluso llegó a representar al sector empresarial español. Es sin duda el mejor personaje para plasmar esta casta empresarial que describía en el inicio de este capítulo. Lamentablemente esta tipología de personajes, sumado a otros como el difunto José María Ruiz Mateos y familia, el difunto marido de Manuela Carmena y muchos otros. Pero me sorprendió encontrarme con un valenciano de 41 años que fundó una supuesta moneda electrónica denominada "Unete". José Manuel Ramirez, se llevó 50 millones de euros, todo un portento de la juventud empresarial y de esta misma casta empresarial mercenaria. Lo que me preocupa pues trastoca mis esquemas con la tipología.

Pero, es mi obligación agregar a esta lista, casos como fue AFINSA, donde los fundadores Albertino de Figueredo y su hijo Carlos, nombraron como presidente al señor mercenario Juan Antonio Como Cuevas y su supuesto equipo técnico para este macro hurto. Que ese equipo estaba conformado por Vicente María Peña, Emilio Ballester y Joaquín José Abajo. Que tienen un verdadero record en España. 2.600 millones de euros el 0,5% del PIB Nacional. AFINSA Y FORUM FILATELICO.

Por otra parte, ¿se cuecen habas en todos los rincones de España? Es muy posible, pero dudo mucho que todo sea siembra de este género desmoralizador, usurpador y denigrante. Pues existen en España al rededor de 6.300.000 empresarios, aunque posiblemente, alguna otra desgracia se este cocinando y aun no sabemos, pero no se sorprenda y ojalá no le toque en su bolsillo.

Posiblemente existen un porcentaje de empresarios que en estos momentos están maquinando i ejecutando fechorías, el problema lo veremos más adelante es cuándo juntemos todos los sectores de la casta. Ahí sí duele.

La Casta Bancaria

Por algún motivo al juntar casta y banca, todos tienen en la retina al difunto Emilio Botín. Pero resultó ser su contrincante de color azul el peor de todos. Pero a mi juicio Don Botín es un hombre hecho a base de logro con humildad y trabajo. Posicionar su entidad bancaria en la punta de lanza de las mejores del mundo, ademas de ser un artífice de la modernización bancaria española, es el resultado de una visión de la banca al servicio de sus clientes, al servicio de la gente. Pero nos referimos en esta otra casta, Esa roñosa, mal oliente, despiadada que manipula y hace daño, esa que por dinero es capaz de hacer lo que sea, contratar un inspector de policía para espiar, esa casta distinta, como podemos referirnos al presidente de BBVA Francisco González Rodríguez, Bankia, Cam, Banesto, y otros.

Pero de todos destaca el caso de Miguel Blesa amigo y validar del ateríos casto empresario Gerardo Díaz Ferrán, por la implicación de créditos irregulares al Grupo Marsans, propiedad de Gerardito. Lo contradictorio es que este andaluz de vista y pandereta, es egresado de la facultad de derecho de la universidad de granada. ¿Como es posible que dos personas completamente opuestas sean tan afines? Respuesta, el diablo solo baila por dinero, un refrán latinoamericano.

Por tanto, mi percepción de una tipología en el sector casto empresarial, se merma continuamente por lo que es evidente que cualquier personaje de estos puede ser un alto fraude para la moral, e bienestar general y el mundo del bien. ¿Qué habrá pasado por la cabeza de estos ignorantes de moral y luces? Estos piratas que se quieren solo disfrazar de gloria por encima de quien sea, incluso de los ahorros de nuestros jubilados. Y peor aun, es que todavía estén pululando por las calles.

Ríos, lagos y mares de tinta hay sobre el caso Bankia, pero debo recordarles que no es el único, pero si bien es cierto es el más sonado.

Tras el rescate encubierto, que hablaré de el mas adelante, se descubre en 2012 indicios para procesar la fusión de siete cajas y de su salida a bolsa, pero ¿Cómo se sabe sobre esta situación? Pues una simple querella que dinamitó la linea de flotación de la entidad bancaria que necesitaba ser rescatada por una pequeña cantidad. 42.000.000.000 de euros, ¡muchos ceros! ¿cierto?

Unión Progreso y Democrácia, presenta a la Audiencia Nacional una querella contra los consejeros de Bankia y BFA por la presunción en ese documento de delitos de estafa, apropiación indebida, falsificación de cuentas, conexión con delitos solitarios, administración fraudulenta y lo más irónico maquinación para alterar el precio de las cosas. Es decir inflar el precio de las acciones.

Si estos cargos le parecieron pocos, ademas la asociación 15Mparato presentó una querella por delitos de falsedad de cuentas contables y estafa mercantil. Y esto era poco,

Izquierda Unida presentó otra por presunta comisión de hasta siete delitos en la salida a bolsa de la entidad y la venta de acciones preferentes, como era lógico los querellantes unieron sus demandas y aun años más tarde se sigue procesando todo lo que hicieron. Estos ricos y famosos por la Black Platinum.

Salvo cuatro de los publicado en prensa cuyas imputaciones son evidentes, talos como Rodrigo Rato, José Luís Olivares, Ángel Acébes, y Francisco Verdú hay muchos mas, los escribo en el siguiente párrafo en caso que quieran saber quienes son, sino podeis saltar a siguiente.

Angel Villanueva Pareja, Juan Manuel Sárez del Toro Rivero, Ricardo Romero de Tejada y Picatoste, Mercedes Rojo Izquierdo, Estalisnao Rodríguez Ponga, Jose María dela Riva Aniez, Remigio Pellicer Serra, Jesus Pedroche Nieto, Mercedes de la Merced Monje, Agustín Gonzalez Gonzalez, Jorge Gomez Moreno, Jose Rafael Garcia Fuster, Rafael Ferrado Giner, Luis Blasco Busqued, Pedro Vedia Pérez, Francisco Baquero Noriega, Francisco Pous Alcoy, Antonio Tirado Gimenez, Antonio Soto Débanos, Jose Manuel Serra Peris, Francisco Juan Ros García, Jose Antonio Moral Santin, Araceli Mora Enquidanos, Juan Llopert Pérez, Javier López Madrid, Arturo Fernández Alvarez, Carmen Cavero Maestre, Jose Manuel Fernandez Nornielia.

Lo lamentable de esta lista de imputados es reconocer que los políticos ponen mano en donde pueden, indistintamente si su intención es legítima o no. pero no les llega con hurgarnos en el bolsillo con impuestos, iva, irpf, ibi, coche, casa, seguro, etc. sino que además los ahorros que se logran con esfuerzo, son para ellos justificación de su magna tarea en el sector público y privado. Cobrar comisión.

Al menos 10 de los 33 que he relacionado en el párrafo, esta relacionados con partidos políticos, sindicatos, sectores industriales, y sigue. Es como si todo tiene el precio de poderse comprar y en especial la voluntad de estos con el dinero de los jubilados, algunos de ellos que sin tener nada o poco, la preocupación de dejar algo a sus hijos se ve tronchada por el juego del dinero, que la casta empresarial, la casta bancaria y la casta política cubren entre ellos con sus espaldas, todos los días.

La Casta Política

Hemos topado con la peor de todas las calañas. El pero ejemplo de la casta roñosa, es por tanto, el zenit del empadronamiento colectivo. Pues estas arpías son capaces de escabullirse en cualquier sarao en donde puedan amasar fortuna y protagonismo, estos manipuladores violentos de lo publico y lo privado, solo tienen por prima su tres portento o su pellizquito en función del rincón de España donde habiten, moren, gobiernen o simplemente caciqueen (forma peyorativa de reinar).

No hay partido político que en sus filas, no tenga esta gesta histórica, esa misma por la que se le critica a España el desfalco de las Américas y la avaricia que se nos imputa al pueblo, que sin poder hacer mucho, también nos ha robado.

Somos todos escapistas de sus actos, mentirosos compulsivos de lo ridículo. Gestores del desencuentro y voladores de la justicia moral, social y legislativa. Algunos los denominan un mal necesario, yo los califico como la escoria de la historia, venerar a los cesares romanos, visigodos, presidentes y dictadores es sin duda hacerlo en similitud con el equivalente cristiano. "El Diablo, Lucifer o cómo quieras llamarle". Ser participe de tal desajuste moral apoyando a estos políticos es sin duda, ser colaborador en un crimen sistemático y endémico de nuestras sociedades, que conduce a toda la humanidad a la desmoralización colectiva en pro del egoísmo de estos.

Los casos judiciales en España por corrupción suman alrededor de 1.700 de los que se cuentan aproximadamente 500 casos y en toda la geografía española, PSOE, PP, Convergencia Democrática de Cataluña, Partido de los Socialistas de Cataluña, Coalición Canaria, Grupo Independiente Liberal, Convergencia i Unión, Unión del Pueblo Navarro, Grupo Independiente Liberal, Bloque Nacionalista Gallego, Unión Mallorquina, Partido Nacionalista Vasco, Partido de Almería, Unión Cordobesa, Partido de Independencia por Lanzarote. Y claro junto a ellos Universidad Complutense de Madrid, Consejo General del Poder Judicial, Agrupación Ruiz Mateos y seguramente los que tendremos que sorprendernos más adelante por la televisión o la prensa en general. Y como es cierto, nunca sabremos la cantidad de alcaldes de poblaciones y sus boom inmobiliarios particulares, comisiones por gestiones de urbanismo que han contribuido al incremento del valor de la vivienda y el alquiler. Esos cheques o maletines en negro que nunca conoceremos donde están o donde estarán. Quizás Zurich, Leichestein, Bahamas o cualquier paraíso.

De todas esta causas, Cataluña y Baleares se llevan la palma con 21 casos, cada una de ellas. Seguida por Andalucía y así sucesivamente.

¿Pero debemos incluir a Podemos? Los documentos que obran en poder de la Policía explican que los pagos recibidos y firmados que se realizaron en los años 2008 (1,9 millones de dólares), 2009, 2010 y 2011 (3,1 millones de dólares) y 2012, 2013, 2014 y 2015 (1,7 millones de dólares), por el propio Isea, antes de escapar en 2013 a Estados Unidos como testigo protegido de la DEA, la Agencia de EEUU contra las drogas. En todo caso, desde el año 2003 la Venezuela chavista venía entregando fondos a la Fundación CEPS, y todos ellos suman la cantidad reseñada.

Tiempo al tiempo, y como es lógico no me puedo olvidar de los casos que implican a políticos en sectores privados como el caso Blesa, Barcenas, Gurtel, Bankia, Noos, Los de FMC y los ocurridos por clientelismo político, corrupción política y urbanista, los mas oscuros de financiación de partidos, la lista falciani, la operación púnica, y a siempre postergada ley de transparencia.

Toda eta jauría de predicadores, nos coloca en el mayor caso de corrupción de la historia moderna en España. El costumbrismo habitual a malversar todos los fondos nacionales desde los años 90´s esta pasando factura al conjunto de los Españoles de toda la geografía y extensión.

Por tanto, podemos decir que nos quieren pobres ignorantes y abducidlos por sus gestos políticos, sin duda son una casta llena de escoria.

CAPITULO 5

LA BANCA Y SU SOLEDAD

Su producto es el dinero, pero estas corporaciones las componen personas que día a día resuelven problemas a mucha gente.

Antes de iniciar conjeturas sobre estas entidades, quiero dejar claro el concepto de banca ¿Qué es la Banca?

Un Banco es una empresa financiera que se encarga de captar recursos en forma de depósitos para luego prestar dinero, así como la prestación de servicios financieros.

La banca o el sistema bancario es entonces el conjunto de entidades, instituciones o empresas, que tienen actividad dentro de una economía determinada, hoy por hoy la banca es universal, tanto para lo bueno como para lo malo. La gran recesión como le llamamos los economistas se inició en Estados Unidos. Y usted dirá ¿Qué tiene que ver esto con la crisis española?

Entre la gran cantidad de factores que se atribuyen la causa de la crisis mundial. Se encuentra lo que denominan desregulación económica, consecuencia de la gran cantidad de delitos cometidos por los bancos. Y sobre todo un aumento sospechoso de las materias primas. Derivadas en un aumento de la demanda que se justifica en el nuevo sistema global y competitivo, lo que sin duda acarrea una sobre valoración del producto, volatilizando una crisis alimentaria y energética.. sumado al juego de la crisis crediticia e hipotecaria, y la desconfianza de los mercados, en pocas palabras la guerra de dinero que genera hambre.

Esta crisis engendrada por "países desarrollados" nace y se crece desde la caída de los bancos estadounidenses de inversión. Pues tanto americanos como europeos, se dedicaron a peyorizar, desmembrar las hipotecas de lado y lado del atlántico. Rompiendo la estabilidad económica y entrando en el juego de la especulación, esta guerra que se llevó por delante una gran cantidad de entidades financieras, generando caídas bursátiles, deteriorando la economía global incluida España. Al no haber crédito el sector industrial sufre, paralizando todo, si no producimos no pagas cuentas, y si no pagas cuentas todo se va al garete.

Como toda empresa, busca siempre ser competitiva y una guerra de naipes, siempre tienes más que perder los más grandes. Lo que seguramente no tomó en cuenta el gigante norteamericano, cuando sin más sus créditos subprime que tenían un nivel de riesgo de impago superior a la media en 2007, empezó a acumular enormes perdidas por un valor inicial de 2.800 millones de dólares, lo que se tradujo en un 73% del valor de sus acciones en el mercado.

Poco a poco, esta peste se extendía a empresas financieras y a muchos otros grandes por lo que los gobiernos tuvieron que invertir, convirtiéndose todo el capital en deudas soberanas, o crisis de deudas, en el caso de España, Bankia y La Caixa, así como otras cojas y bancos. Explico esto porque es muy claro que ha existido rescate bancario en nuestro país, a pesar de ponerle otra nomenclatura a la decisión política que nos presentaron.

Y la pregunta es ¿Qué estamos pagando con los impuestos? Pues la respuesta es super extensa, pero que trataré de explicar en mi visión y conocimientos básicos, La Banca entre 2000 y 2006 se dedicó en pleno rendimiento a invertir en ladrillo, y como es lógico lo que ocurre entre la oferta y la demanda, cuando hay demasiado stock de viviendas en venta, su precio se devalúa, y esos prestamos a particulares, así como a empresas constructoras, empiezan a subir en la escala de riesgo, por eso se les denomina hipotecas suprime. Las fechas del calendario corrían y cada vez más constructores y particulares se les hizo mas difícil vender o afrontar el pago, esta situación no fue prevista por la banca en general. Por tanto, cierran las constructoras y dejan de pagar los propietarios. Como resultado comienza lo que se puede denominar ciclo d frenado isofacto.

Otras empresas relacionadas al sector comienzan a notar cómo sus ventas bajan, y como poco a poco se les hace más difícil hacer frente a sus pagos. Por tanto inician sus propios recortes, lo primero personal, estos indices de paro laboral aumentan y se inicia la segunda ola, los impagos de hipotecas, esta fuerza de derrumbe ocurre como una onda en una estanque, toca todos los sectores.

Esos indices son los que la banca utiliza, para especular y así, iniciar su propia guerra en la bolsa. Desviando los ahorros a otros sectores mas rentables como son las materias primas y alimentación, lamentablemente esto genera un encarecimiento de la vida cotidiana, sube la leche, los huevos, la gasolina, las luz, y vivir se vuelve asfixiante.

Pero ¿Qué ocurre dentro de la banca? Pues parece que nada, pero no es así, se inicia una crisis financiera muy seria, nadie confía en nadie, por tanto el gobierno interviene generando que una deuda que se cifraba en 200.000 millones esté estimándose en 1.4 billones de euros, lo que junto a la merma del sector productivo nos llevará muchos años para pagar y saldarla.

Las quiebras se dan por miles en este periodo y los inversores ven sus ahorros en riesgo por lo que corren como estampida, generando que las entidades financieras se conviertan en insolventes, llegando en algunos casos a la bancarrota, pero el caso de Bankia decidió exponer a clientes y ahorradores con sus acciones preferentes para así poder dilatar lo inevitable, su evidente bancarrota.

El caso de España podemos decir que el 32% de la deuda soberana española es a favor de bancos, el 31% a empresas, 21% a familias, el 16% a entidades públicas los que algunos reseñan como dedocracia y los políticos españoles llaman los hombres de negro que nos dicen que hacer.

Es lógico que en todo este desbarajuste, las protestas anti austeridad parezcan tener sentido, pero si de cada 100 euros que gana el estado 93 euros son para pagar deuda a 10 o 30 años, es muy difícil tener un margen de actuación con solo 7 euros. Por muy bonitas palabras que coloquen en su vocabulario los políticos para salir de la crisis y que su política sobre el ladrillo fue y es lo que nos mantiene sumidos en esta crisis sin precedentes en el mundo desarrollado en la historia.

Históricamente, la banca tienen ese halo de misterio, engaño, traición. Quizás porque empezó en esa mesa en la trastienda de los comercios babilonios, pero es un mito que se alimenta de situaciones como estas, es decir. En las crisis son exageradas en pro de una protesta no formal ni sincera contra el sector. Que algunos izquierdos alimentan para su goce personal y sin mas para el crecimiento de su propio ego.

La esencia de esta empresa es poner en acuerdo dos clientes, el ahorita e inversor, el consumidor o hipotecado. Ya de por si es un principio que busca equidad repartiendo beneficios entre todas las partes.

Lo que ocurre es que con un mundo más globalizado entran en medio de ese principio fundamental, fondos buitre, y otra categoría de mercenarios que recogen mucha mas ventaja que la banca en rio revuelto.

El sector se divide en una intensa cantidad de lineas de negocio y entre ellas podemos citar. Banca Pública, privada, mixta, corrientes, especializada, de emisión, central, de segundo piso, de desarrollo, y por otra parte están los mercenarios que se dividen en tres. Banco Zombi, Banco Malo y Banco Democrático.

Todos al final, solo se dedican a teclear en la calculadora y fomentar matemáticamente situaciones factibles que en tiempo de vacas gordas son muy fáciles de hacer, pero que en tiempos de vacas flacas como los que vivimos son difíciles de lograr.

Y esa frialdad matemática es la que algunos sectores aprovechan para intentar torpedear su linea de flotación, buscando adeptos decepcionados para la causalidad razonable de perder su casa, su trabajo, su vida, que en términos morales, no es tan fácil de reponer y que ni los bancos, ni los adornistas inversores que quieren ayudar a asumir con un elemento tan simple como una entrega en pago o un simple acuerdo de liquidación de deuda, que habría que esperar a Estrasburgo para que España lo asumiese como ley.

Así mismo, otro sector como son las aseguradoras y los seguros bancarios, brillan por su ausencia, por tanto el sector aun hoy a pesar de las modificaciones de la ley no contempla el pinchazo como un factor recurrente en los ciclos históricos económicos de nuestra historia.

Por tanto, aun creen ser infalibles como aquella banca genovesa del siglo XI sin querer recordar que al final Amberes se volvería el cerro de la banca europea tras el asedio. Acabando en Amsterdam, ambos intereses políticos y económicos del mayor regidor en esos periodos.

Lo preocupante, es los problemas que ha generando esta crisis, en mi caso particular, en 2007 me encontraba vivienda en Estados Unidos y ser emigrante tiene su riesgo, aun mas por que desconoces el alcance de esa crisis en tu vida.

Todo empezó con un vecino que tras degollar a su familia, se lanzó por el balcón de su casa y tras una caída libre de 39 plantas, su agonía terminó. O al menos es quiero creer y espero. Lo que no sabia es que me torcía vivir los peores años de mi vida. Quizás, en su caso no fue tan fatídico pero esto seguro que tanto la incertidumbre como la desconfianza mermó muy mucho su visión sobre la vida. Y de lo que estaba viviendo en su trabajo en la Banca.

Y es precisamente esta actitud, lo que nos ha dejado estas empresas financieras, sumado al mundo mediático que se encarga de seguir alimentando el amarillismo, la tragicomedia y lo que crien que ayuda a mejorar la situación que vivimos. La agitación mediática.

En mi opinión, mucho más allá de Bankia, Rato y los escándalos. La soledad que vive el sector bancario es inminente, real y problemático. En casos de mediación, muchas veces el mediados es acusado con injusticia por su labor cuando todo va mal. Ahora bien, ponga dinero por medio y el resultado es importantemente peor. Todos los que fuimos a pedir un préstamo se nos fue concedido dado que el banco localizo a un inversor que con su capacidad de ahorro esta, estuvo y estará ayudando a lograr nuestros objetivos y en mi visión es un principio de equidad único que colabora en el crecimiento de la sociedad, y en pro del futuro de nuestras venideras generaciones . Lo que en otra forma camuflan llamando el estado del bienestar.

Quizás lo que es evidente, es que nuevamente esta crisis ha descubierto un problema de visión de estado, un problema de teoría política y económica que no tiene visión en los momentos de mayor dificultad en la historia y la carencia de leyes, normas y organismos reguladores, aun sea el flaco favor que le hacemos a los oportunistas de nuestras desgracias que se crecen ante la impunidad con la que aquellos que nos dirigen sentados en su mesa allí en las alturas del Olimpo, olviden los obstáculos a los que se enfrentan algunos que le señalaron como director de este concierto llamado España.

Esos que en campaña se acuerdan de nosotros y de hacerse una foto con nosotros, pero que durante los otros cuatro años el poder les abduce y lo secuestra para si mismos. El egoísmo del poder.

Ojalá y algún teórico logre imponer sus hipótesis de un estado de crecimiento sostenible, asumible, lógico, coherente y participativo. Donde los pinchazos en el camino estén presentes y donde la planificación ayude a minimizar esos daños que en conjunto se llaman catástofres, pero que en individual se llama dolor y miseria.

Y como es lógico, no me refiero a condonar deudas, quizás buscar posiciones o situaciones de comprensión en las que todos ganen. Inversor, banca e hipotecado. Donde la equidad en ganancias, perdidas sean asumidos por todos y no solamente por el inversor y el hipotecado. Quizás el juego virtual de la bolsa deba dejar de especular con sectores sensibles cómo la vivienda y el alimento. Quizás deban ser dos sectores completamente regulados, tanto en producción como en consumo. Y que conste que no abrazo ideas comunistas, me refiero a regular, no a mermar ni nacionalizar, es hora de ser coherentes con nosotros mismos.

Y así como el gobierno y las leyes, tienen que regularse, quizás en misma proporción el sector empresarial financiero y económico se deba someter a un cuestionamiento de su funcionalidad, su código deontológico y sobretodo necesita adaptarse al cambio de siglo, cuya innovación no es introducir nuevos productos financieros, sino promover sistemas mucho mas fiables en tiempos revueltos como estos así como cordura en tiempo de bonanza.

Solo así, esa soledad a la que se someto todo el sector se ausentará y tengo la certeza que ese tiempo y ese orden será sin duda un tiempo de crecimiento, no solo en términos empresariales y laborales, sino en términos globales, pues ya con un sector tan universal, esas modificaciones, inducirían el impulso que requiere tanto el mundo desarrollado, como toda la gama de países en desarrollo o deprimidos.

Por tanto, en mi opinión, si el conjunto de la banca apostasen por salir de su propia penumbra, generaría un sunami de crecimiento nunca visto en la historia del ser humano, quizás desplazaría a poderes obsoletos como la política enquistada en pócimas viejas y roñosas, desplazando a buitres y oportunistas, aunque si fuere al contrario debería permitir oprimir y legislar ante tribunales los actos vandálicos de estos últimos buitres. Que con su egoísmo, derrochan la fortuna de los mas débiles.

Convirtiéndose en activos participantes del crecimiento de la injusticia. Opuesto a lo que debería ser. Y solo así, no serán presos de los políticos, sino que terminarían convirtiéndose en un poder con un bloque de normas que aumentaría la confianza de los clientes, el ahorrador inversor y el hipotecado, lo que planteará nuevos horizontes en un futuro y nuevos retos.

Si bien no quiero pecar de er ingenuo, pues al sector judicial requiere una reforma desde sus cimientos en pro de mejorar su rapidez para al mismo tiempo colaborar a generar confianza, por tanto, no solo es el sector financiero y económico quien deba adaptarse a las nuevas tecnologías, a los nuevos tiempos, a las nuevas crisis.

Es posible, que esa nueva banca digital que está creciendo desplace a esa banca obsoleta que solo ama el dinero de sus clientes, mas no a quienes son valor de ser, sus usuarios que fluyen en ambos sentidos.

La reestructuración de las economías siempre es lenta tediosa y son a muy largo plazo, pero quienes normalmente se benefician son las empresas privadas convirtiéndose en oportunistas, Ojalá los nuevos tiempos ayuden a nuestras futuras generaciones a consolidar lo que durante siglos todos las generaciones anteriores buscaron y alcanzaron para con nosotros. Estabilidad, solo así se podrá tender el progreso.

CAPITULO 6

EL PUEBLO OLVIDADO

Ni miserables, ni pobres, somos el factor más importante de una nación, si tiramos de la manta los de arriba caerán en sus errores

Llegué a motivo principal por el cual he escrito este documento. Nosotros los ordinales de la sociedad, los que la política, la justicia, la banca y las misma sociedad le da la espalda de diversas formas. Cada día hay 517 familias que van a la calle, son todos dramas desgarradores, pero a veces no termina ahí. Muchos acaban en suicidios.

∎∎

En mi opinión, estos suicidios tienen una causante moral un dolo generado por dos actores, la banca y la política. Pero como no hay leyes que legislen correctamente sobre estos hechos, todas estas víctimas quedan degradadas a ser señaladas como personas con debilidad mental y a ser ellas mismas causantes de su propio destino. Que no escondo lo evidente, solo recuerdo el gran dolor que inicia la cadena de hechos que termina en el suicidio de los desahuciados, es la ejecución hipotecaria.

Solo en el año 2010, se alcanzó la cifra de 3.145 suicidios convirtiendo a esta situación como la primera causa de muerte violenta en España. Muy por delante de los accidentes de tráfico, y en provincias como la Coruña, Lugo, Ourense, Asturias, Zamora, Burgos, Pais Vasco, Navarra, Cordova y otros, así como Castilla La Mancha, tienen una relación muy alta de tasa de suicidios, algo mayor a 10 por cada 100.000 habitantes, pero la mas alta es la provincia de Lugo que supone 16 de cada 100.000 habitantes. Y no hablo desde la politización de esta circunstancia lamentable, ni tampoco cómo psicología o psicoanálisis. Aunque estos corroboran que la situación de los desahucies es el factor del incremento de los suicidios que viene ocurriendo desde 2008. Sin que las administraciones tomen cartas en el asunto.

Irónico es que sea esa constitución que nos recoge al pueblo soberano, queda sin mas en papel mojado, cuando el sector judicial en pleno, mantiene como el mayor ejemplo de justicia la determinación de la ejecución hipotecaria, siendo esta siempre el ultimo recurso.

Un padre de familia sin trabajo y sin ahorros en plena crisis es sin duda el más desvalido y debería de ser el mayor perfil por el que la justicia debe imponer la comprensión y en todo caso ser acogido como el mayor valor y bien a cuidar, pues sin el ser humano, el dinero y los bienes inmuebles como es el caso, son inútiles. Por no ser drástico y decir que sea nulo.

El sentido común del presidente del banco central europeo Mario Dragui, indicó con claridad que la ejecución hipotecaria tiene y debería ser considerado el ultimo recurso. Dando a entender que hay muchas otras medidas antes de llegar a situaciones como estas, tan dramáticas y señaló que las medidas adoptadas por el gobierno español en estos casos las consideraba insuficientes así como que carecía de intención por parte del gobierno nacional. Pues la tardía en abordar las causas subyacentes de esas dificultades relacionadas con las hipotecas, y sobre todo no promover medidas que entren en la formula de lo posible, deja a las ejecuciones como el órdago de la política nacional.

Estas circunstancias son a mi entender lo que molesta, genera y impulsa mucha desconfianza, tanto en clientes bancarios como de la totalidad de la sociedad sobre la política y la banca. Impulsando una sensación de distanciamiento a la par de engendrando agitación emocional que generará movimientos antisistema, que no aportarán soluciones pues sus fórmulas comunistas no tienen cabida en este nuevo orden mundial.

Todo empeora cuando surgen por motivos políticos económicos los rescates bancarios o la versión española y digo esto, porque casi todos los países desarrollados ha existido estate del sector bancario, financiero e industrial. Con muchas diferencias de las cúpulas bancarias, acabarán de forma inmediata tras las rejas, muy diferente a esta legislación española que robar para comer es un crimen pero llevar a la bancarrota a un país parece impune, y su es un mal "Rato" pero tengamos fe en la justicia aunque sea lenta por deformación, porque sin fe el ser humano no puede progresar.

La opinión del conjunto de los españoles sobre la banca y los procedimientos judiciales es sin duda muy desmejorada podría decirse incluso realmente mala en todo el conjunto del sector bancario. Quizás mucho mas lejos de la imagen amarillista de la prensa sobre este sector, que existe lo que prima sin duda, es la nula disposición y valentía del sector a tomar determinaciones en pro de medidas de satisfacción de sus clientes, o al menos de una parte de ellos (los hipotecados) sumado a esas comisiones y cargos adicionales que sin más se inventan o sacan de la chistera para incrementar sus ya altos beneficios empresariales, mas no los de todos sus clientes.

Pero no solo es la banca el problema. La política y los generadores de ello son un problema para todos nosotros, el desempleo, la economía, los políticos corruptos y la división política entre los partidos políticos es la mayor preocupación. Y peros aun, cuando nos vende recetas mecánicas de recuperación económica con formulas que venden algunos sin aciertos del pasado pero con las mismas intenciones. Al final, usted y yo seguimos igual y solo mejoran los bolsillos de ellos y de sus socios o intereses.

El paro laboral nos preocupa a la gran mayoría al rededor de un 80% de los españoles, es decir que de cada diez, ocho estamos muy preocupados por ello. La carencia de políticos de incentivo a crear empresas para generar empleo es lo que evidencia la poca voluntad o quizás la poca visión empresarial del gobierno. Y desde luego no propicia generar empresas tipo starups, investigación y desarrollo tecnológico o empresarial. Pues merma un crecimiento necesario en tiempo de crisis.

Siempre me he preguntado, el porque esta corta visión empresarial o emprendedora que padecemos en España. Quizás les interese seguir cultivando la única empresa rentable en la nación, la gubernamental. Lo que viene a ser "papa estado paga y cobra".

Eso si, cuando termine mi presidencia me voy a las eléctricas o a una transnacional como consejero, mas que nada porque me lo merezco, ya que soy de los grandes de España, y digo yo ¿te acuerdas de los pequeños que te pusieron allí en la silla para gobernar?

Y esta situación generó una descomposición de magnitud gigantesca que estos políticos simplemente hacen caso omiso. Porque seguirán cobrando hasta el ultimo día de sus vidas, lo que usted y yo no tenemos garantizado, esa situación representa que de diez españoles cinco estén profundamente preocupados y descontentos por la corrupción política y sobretodo en ver que la política se ha convertido en una empresa de mercenarios, oportunistas y trepadores. Financiados todos por los impuestos, diezmando cualquier resquicio de intención en darle beneficio a la deuda pues la Gürtel, Barcenas, Bankia, los ERES y sus cursos de formación, el 3%, los cheques a los alcaldes y los embajadores en Caracas de Zapatero haciendo negocios de petróleo y barcos de guerra, formen a esa hegemonía política como la mas nefasta que ha tenido el reino desde quien se sabe cuando.

Y usted y yo, sin futuro, sin trabajo, sin techo, sin esperanza, por eso esta cólera de republicanos sin sentido, comunistas trasnochados que cenan percebes con comisiones obreras o con algún narco dictador caribeño. Tarjetas sin limite, discurso con luces de túnel, cuando lo que estamos viendo dentro de él, es el fondo de un pozo lleno de fango del que solo vemos a estos calamitosos llamando sus bolsillos con nuestra esperanza.

Siento si este símil tan abruptamente intenso e ilustrado, pero el rencor incluso se apodera de mí a veces, es la imprudencia, la incompetencia moral y profesional de toda la clase política lo que me enerva. El costumbrismo electoral y en todo caso, la fiesta política que todos los bandos tienen, que es lo que sin duda nos cuesta tanto entender y nos desespera.

Los esfuerzos que confluyen entre ellos únicamente están en realizar sus propios objetivos y sobretodo en hacer realidad los propósitos de sus socios, esos que le marcan paso a paso el momento y la forma que nos seguirán desprendiendo de nuestro bolsillo monedas. No hay un objetivo en conjunto de todos ellos en el que se planifique un verdadero nivel sociocultural de todos los españoles, o el objetivo de planifica crisis como esta, ni siquiera un atisbo de cumplir con todos otros, por ello incluso llegan a mermar lo poco que ganan de funcionarios, esos que están en pro del pueblo, esos que si escuchan sus quejas, mientras ellos suben y suben. Mientras abusan del mal uso del poder sacando partido y ventaja de su posición, utilizándolo para informarse, para el patrocinio, el soborno, la extorsión, los fraudes, la malversación. Todo como herramienta de sus objetivos por toda la geografía nacional. Sin olvidarnos del caciquismo, el compadrazgo. Amparado todo en el nepotismo, la impunidad y el despotismo.

Solo nos faltará descubrir el lavado de dinero, la prostitución y el narcotráfico, porque sería previsible que este implicado en esta fiesta de financiación que estos tienen dentro de sus chiringuitos partidistas.

Se evidencia que esta corrupción mina el desarrollo económico del país, pues es interferencia y distorsiona la realidad, aminora la velocidad e incrementa el coste del sector empresarial y sin duda por eso tenemos la tercera electricidad mas cara de Europa rumbo a coronarse como la primera. Por tanto la gran corrupción y la pequeña son hoy en día hostigadoras de esos muertos sin techo y de los que sin trabajo ven como otros comen mientras ellos mendigan para comer "los números ocultos".

Políticos con carencia de conciencia social, mala de educación cultural o de compromiso. Paradigmas distorsionados y negativos antisociales, megalómanos que ademas infravaloran ser descubiertos o que pueden ser procesados es un perfil en el departamento de recursos humanos de todos los partidos.

Es lógico con la ley que hay prevista para campear por España con impunidad en sus actos, que la corrupción crezca como la mala hierva en cualquier rincón. Pero si se limitan en ese corporativismo partidista es un caldo de cultivo perfecto para generar una inmensa generación de camperos corruptos, pero no tome mis letras como una biblia, pues corre usted el peligro que deje el valor social reducido que nos han impuestos hace décadas, justificando en creencias inocuas. Mas nos han gobernado por ignorantes.

No hay mas que recordar aquellas oleadas de gentes pretendiendo ser funcionarios por el propio poder que se podría adquirir, solo por el hecho de ser parte del exclusivo club de los trabajadores del gobierno, que a medida que se sube, se crece exponencialmente, por ello nos aumenta la ira y el rencor. Pues durante algunos años hemos visto como acaparan para si mismos el poder sin importar el color del partido, la ideología, aunque cabe destacar como colocan a los suyos y a ellos mismos dentro de actividades claves para gobernar a sus anchas.

Todo planificado desde la discreción y sin ninguna ley que les ampare y que nos defienda. Llegando a gobernar en puestos para los que no están preparados, pero si están duchos para amasar y desviar el presupuestos a beneficio propio, es pellizco del 3%,

Aún no hemos conocido trama en que el soborno internacional forme parte de sus fechorías, pero estará a caer. El tiempo nos lo enseñará, mas aunque con el control que ejercen sobre los medios de comunicación es posible que muchos queden enterrados por la fila de archivos que los jueces apilan desde hace años. Quizás motivado por este sistema tan complejo lleno de burocracia y poca eficiencia en la administración pública.

Si bien el pueblo no sol tiene que liar con el estrés de perder el trabajo, en mendigar para comer, las consecuencias psicológicas del desahucio son inequívocas. La vergüenza y el hostigamiento propio por ser vencido es básico en este trauma, la culpa, la tristeza, la ansiedad, el desánimo y el abatimiento es una experiencia que lleva a consecuencias directas del estrés post traumático, aunque algunos casos son altamente traumáticos.

La sensación de que esa situación se pueda repetir una y otra vez, además de intereses y fuertes emociones, son sin duda motivador de esa ansiedad, además de la irritabilidad, la ira, la tristeza y nuevamente la culpa. Aumentando los problemas de salud, esto es individualmente pero cuando son 188.705 familias es sin duda una catástrofe que desde el 2008 se viene viviendo y que sigue ene aumento, ademas que no dispone de solución.

Y como es evidente, esto se convierte en sálvese quien pueda, por tanto esta fiesta del expolio al estado será sin duda, al final de todo, culpa de vivir por encima de nuestras posibilidades como afirman estos y corroboran los otros.

Estimado lector, debemos disociar la bondad, el autocontrol, la inteligencia de la personalidad de todos los políticos, se que no le será fácil o mas bien difícil. Pero es muy factible que algunos muchos otros aun procedan a depositar su vida en los mismos fechares delincuentes que toman GinTonic en el senado y comen com empresarios de transnacionales en restaurantes de lujo. Que ademas lo pagamos entre todos.

Si usted cree que estas personas solo quieren fama y fortuna, así como placer. Se equivoca, pues integridad es nula, propósito solo es uno y se amplifica con el egoísmo, y su transformación ocurre dos segundos después de sentarse en el sillón, en el escaño, en el despacho, y como no, olvide milagros y aunque sus promesas sean progresistas por una supuesta transformación del estado. Lo unico que tiene en mente son sus bolsillos, su cartilla, su coche, su casa, su educación y su vida.

El encierro que nos someten los corruptos es tan grande que aun no nos hemos dado cuenta, pero que es deber de todos romper con ello. Y no le pido que lea la teoría de la disonancia cognitiva, no creo que nos sea fácil de digerir esta teoría escrita por Lisa Cosgrove y Robert Whitaker.

Pero he ahí el problema, como dar con ello, como saber si nos estamos equivocando nuevamente y sinceramente no encuentro formula. Hay corrupción en todos los 188 países del mundo, inclusive en la fabulosa Dinamarca a pesar que en una escala aparentemente menor, ¿Qué hacer? ¿Cómo paliar esto? Quizás no este en usted, en mí, quizás este en el tiempo y la educación.

Este tiempo que a todos se nos escapa, y que inevitablemente nos llegará el tiempo de reírnos de estos impunes ladrones, el tiempo que la vida dará justicia divina, pero ¿y nosotros qué?

Mas aunque, nos somos los únicos que sufrimos el enviste de su poder silencioso, jueces atados de pies y anos en casos como el metro de valencia, Spanair, el ave a Santiago, y muchas otras, son muestra de como el sistema y sus capacidades como corruptos logran manipular la realidad a su antojo, por encima de los hechos.

Y el más evidente es el caso de los ERES andaluces y como por intereses partidistas, se logró quitarle el caso a la jueza Alaya que con temple y buen hacer, ha estado continuamente buscando información sobre todo esta trama corrupta y delictiva de los socialistas, pero apartada por un sistema entregado por completo a ocultar fechorías. En este caso el PSOE Andaluz.

Y si el panorama es pesimista, y parece evidente que augura una larga influencia de estos políticos, algunos se cambiarán de bando por miedo a perder el poder, que se han agenciado autocráticamente. Pero la pregunta es, ¿Son los políticos realmente cómo sostengo la tesis o hipótesis que están explayados y colocados en muchos estamentos de la sociedad? Son de por si, muchos los que campan a sus anchas con la impunidad, inclusive esos que se frotan las manos escribiendo la carta de la declaración de independencia al estado español. Peo que al mismo tiempo fueron y son participes del expolio.

Quizás este en el carácter de los mas descarados, pero mil y un rostros tiene el corrupto, porque hasta golpes de pecho se dan solo por hacer cortina de humo delante de sus fechorías.

Pareciese que nuestros políticos se han convertido en gestores, en auxiliares contables que dudosamente presentan facturas a Europa. Muchas de ellas falsas, sin veracidad o a mi juicio lo creo, pero en el caso de estos les es la mejor excusa para que por 25 años nada tuviesen mas que modificar que leyes escolares y sus aumentos de sueldo.

Aclarando así, que corran para enmendar la ley bancaria en la constitución, pero nunca para ser transparentes y dejar de tener privilegios, modificar leyes electorales, modificar financiaciones autonómicas, modificar la unificación de la seguridad social, promover planes de inserción laboral e incluso incentivos para la creación de empresas, adaptándose al siglo XXI, la derogación de las diputaciones, la reducción del senado, la necesidad de aumentar policías y guardias civiles, y como es lógico crear herramientas mucho mas eficaces para que jueces y justiciases inmensamente mas eficientes. Planificación de inclusión de nuevas tecnologías y regulación a futuro de sus mercados, incentivos para la utilización de vehículos eléctricos y bicicletas, derogar el monopolio de precios de las empresas petroleras, eléctricas. Impulsar la investigación y el desarrollo y la innovación, no solo en el campo de la medicina, sino en el empresarial, industrial, mejorar sustancialmente las normativas constructivas del sector inmobiliario en España para evitar la destrucción de ecosistemas, etc.

Pero trabajar es mucho pedir, eso es solo asunto suyo y mío. No es cosa de esta estirpe de violadores, esta casta de corruptos que piensa así de poco, y les parece mucho.

CAPITULO 7

LAS NEGOCIACIONES TRANSNACIONAL

La historia de creer en las palabras neoliberales, liberales o cooperativistas, la discusión fatua desde la dictadura republicana y la desinformación manipulada.

Quizás tenga usted ropa de ciertas empresas hecha en Bangladesh, esa de algún lugar recóndito de Asia, Africa o Latinoamérica, piensa que lo más factible es que su ropa fue hecha por un sistema de gobierno y una empresa, apoyada por directivos que poco le importan el derecho humano, laboral y fiscal.

▪▪

Empresas con nombres reconocidos como ADIDAS, NIKE, LEVIS, PRIMARK, DISNEY, CHICCO. Pero también electrónicas como SAMSUNG, SIEMENS, LG. Así como empresas alimenticias como CHIQUITA BANANA, MCDONALS NESTLE.

Y como es lógico otros sectores como ELF TOTALFINA, DAIMERBENZ, BAYER y muchos más se han convertido en explotadores de estos regímenes, olvidados por la ONU y por la propia política internacional.

Estas "fábricas de sudor" como se les suele llamar, explotan a una población que ronda los 14 millones de niños en todos el mundo y si esto fuese poco, algunos de estas factorías, despiden a mujeres en los días de su menstruación, únicamente con la excusa que no son rentables desde el punto de vista productivo en el tiempo de trabajo, y en otros casos como las plantaciones con pesticidas han ocasionado muertes, problemas de salud y fertilidad a sus trabajadores. Y como es lógico sume el beneficio económico que representa para los gobiernos dictatoriales o en conflictos, siendo los más destacados, Sudán, Birmania y el Congo Belga.

El 90% de las prendas de vestir de ultima moda se fabrica a precios irrisorios en algunas zonas de comercio del suroeste asiático.

La explotación que sufren estos niños que he descrito, como mujeres, es indignante para ojos de los europeos en nuestra burbuja de cristal. Esta situación ronda entre 60 y 80 horas semanales, pero esta política de explotación laboral colonialista, no solo ocurre en el medio oriente asiático, sino en países latinoamericanos, como el Salvador por ejemplo. Por parte de la marca ADIDAS y como es lógico de su competidor NIKE que también hace lo propio con ropa y calzado en las mismas latitudes. Mientras consumimos por el influencer de moda o la instagramer que más nos llene la ambición desmedida del primer mundo.

Levis, esa fabulosa maca Californiana, tiene implantada su fabrica en la dictadura de Birmania, así como la ropa de lencería de la marca Triumph, toda una declaración de libertades en sus publicidades que se contrapone en sus modelos de política empresarial. Donde los trabajadores son forzados y torturados en algunos pocos casos para alcanzar el volumen de producción al menor coste posible, que sin duda beneficia tanto al dictador como a estas marcas.

Como es lógico, el sector del juguete hace lo mismo en China y Vietnam, en espacial las fabricas CityToys de Hong Kong y Key Hinge Toys de Vietnam. Uno de los casos más sonados fue en la fabrica Zhill HandCraft Factory, proveedora de la marca Chicco, que por la formula tratan y explotan a sus trabajadores, en el momento del incendio que ocurrió en esta fábrica, las rejas no permitieron escapar a estos, muriendo entre 87 de los 200 empleados según cifras oficiales.

Estos poderosos no solo explotan al ser humano, también los recursos naturales de los países del llamado tercer mundo, metales necesarios para la fabricación de ordenadores, teléfonos móviles, video consolas, lentes para fotografía, aparatos quirúrgicos, etc.

Pero de todos los sectores, el mayor explotador es el sector petrolero, Sudan, Venezuela y Birmania son el mayor exponente.

El problema con estas politicas empresariales en total complicidad con los gobiernos ya mencionados, se crece y se mantiene, al mismo tiempo por la simbiosis de politica y complicidad de los gobiernos del primer mundo en los que vivimos escandalizados sin hacer nada al respecto, que estos simplemente voltean la vista sabiendo perfectamente lo que ocurre, permitiendo que esa mercancía que ha servido para explotar y mantener regímenes dictatoriales, se venda impunemente en el mercado. Causando una imagen distorsionada del liberalismo. Puesto que es sin duda un Neoliberalismo sin sentido del ser humano.

Y es peor aun, cuando el desespero económico apueste por estas marcas y nunca con bombos y platillos, la apertura de una tienda en la Gran Vía, que apenas dará empleo de baja calidad a 500 personas, violando todos los derechos de los trabajadores con contratos basura. Pero la ignorante del día solo baja a comprar la ropa que vio en su influencer y como fan desmedida a disfrazarse como ella se fue. Aunque después le vote a podemos porque le parece que el mundo debe ser más justo.

La carencia de responsabilidad social corporativa en estas transnacionales, h despertado en algunos la consciencia sobre como el gobierno o los gobiernos acusan para y por estos, generando la duda creciente de la corrupción y el compañerismo que los votantes de podemos alimentan aunque compren las zapatillas Nike para aparecer en los meetings del partido. O quizás solamente la compra de favoritismo que tienen esos dos, que como es entendible de pensar no es solo cosa de su producción, pues somos de algún modo participes de ese descalabro.

Pero, como todo ¿que pasa cuando nos toca directamente? Seguramente le molesta la tendencia empresarial de hacer contratos temporales, o incluso despidos más económicos y rápidos. Por otra parte le preocupará la precariedad laboral, en pocas palabras, le preocupa el bienestar de los demás y el suyo ¿eso creo? Pues esto debe serle no solo una misión propia sino también una conciencia de la necesidad básica de todo ser humano y es deber luchar por ella.

Seguramente, mi introducción ya habrá dado mucho a pensar sobre el caso Wolkswagen y la manipulación de los software de emisión en vehículos diesel. Es por tanto, lamentable que ocurra algo así pero tal y como ocurrió con Luftansa en continua dejadez de datos importantes en donde el piloto tenia serios problemas mentales, pero por un supuesto error de infravaloración de los sueldos, sentaron a pilotos que eran menos costosos, pero más letales, por lo que acabo en una tragedia, fundada por el factor beneficio empresarial.

Estas calamidades, son consecuencia directa de una dirección empresarial que no reconoce los entresijos de su propio organigrama y solo presta total atención a los costes y la producción en términos cuantitativos. Es decir todo el día viendo la cuenta bancaria. Lo que acarrea un desprendimiento de autoridad, revisión, entendimiento, cohesión, entre los lados medios y altos. Así como la junta directiva y presidencia con el resto de los trabajadores.

El consorcio formado por Audi, Wolkswagen, Skoda y nuestra Seat. Pareciese que va a afrontar un tiempo en cuesta arriba, que por mucho ministro dando rueda de prensa, diciendo que la inversión está garantizada, el cambio de modelo de automóvil de combustión a eléctrico es cada vez más evidente. El cliente final, está molesto por tal situación pues se estima que solo en España hay alrededor de 600.000 vehículos con esta estafa tecnológica de emisión dudosa. Que además de ello, esta generando problemas con el medio ambiente y suma a la crisis que viene viviendo el sector automotriz en todo el mundo. Las subvenciones del gobierno fueron también una estafa, por tanto podríamos afirmar de la nueva demagogia comercial y gubernamental. Quedará esperar a tribunales y a la propia actuación de la empresa para resolver esta situación.

Pero, como ya conocemos con antelación, los fallos del sistema judicial en nuestro país. Por un gran número de casos ocurridos en el pasado tanto de corrupción política como empresaria, que han quedado archivados y olvidados, así como las víctimas que en derecho de auxilio son totalmente desprovistas. Puesto que el sistema judicial así lo impone. Hablo de un ejemplo claro como es y fue el caso "Nemacor" que ocasionó la muerte de 352 personas y lesiones irreversibles a 24.000, por si fuese poco un anticonceptivo denominado "Essure" estuvo provocando serios problemas de salud en todo el mundo, y por ultimo el caso "lipobay".

Esta farmacéutica pagó 75 millones de euros a un representante de justicia de estados unidos, con el fin de cerrar una investigación sobre presuntos casos de soborno a distribuidores para que empleasen sus productos, porque hago el símil con Wolkswagen, porque posiblemente acabe ocurriendo lo mismo. Es decir, nada para los que sufren.

En mi opinión, el actual ministerio de industria, debió tomar medidas inmediatas, ¿cuales?

En primer termino, una comisión política, en segundo termino, una guerra forma a través del fiscal general, en tercer lugar, medidas de contención de los vehículos e inmobiliarios. En cuarto lugar, un movimiento diplomático en Alemania (a través del Ministerio de Exteriores).

Pero como conocemos que el ministros Soria tiene mas pasión por las eléctricas, lo unció que medianamente bien hecho es pedirle a la comisión europea medidas para el caso Wolkswagen. Y así limpiarse la manos por creer no tener suficientes datos, como si el informe publicado por la EPA (Agencia de Protección Medio Ambiental de Estados Unidos) no fuese suficiente a temas que este informa se encuentra avalado por un español llamado Vicente Franco, que seguro estaría encantado de explicárselo al ministro, inclusive es sesión plenaria en el congreso.

¿En que punto estamos? Seguramente estamos varados en el complicismo tácito entre transnacionales, gobiernos y entidades financieras. ¿Y porque? No hay una regla de costo o legislación en el mundo que imponga jurídicamente una ética moral primordial sobre estos pasillos ocultos, pero muy bien conocidos, así como tampoco hay una legislación laboral, de comercio y explotación que multe o ejecute penas

judiciales en contra de este tiempo de problemas, que esta
macro evolución industrial de nuestra historia, se nos ha
pasado por alto pues solo ponen foco de atención en puntos
poco importantes, tales como quitar o poner la asignatura de
religión en los colegios, la eutanasia, la renta mínima
universal o según el interés contratos laborales a tiempo
parcial, temporal o definitivo, sin ver mas lejos de ahí.

Quizás Volkswagen sea el de mayor envergadura de los caos
en el sector automotriz, mas aunque no ha sido el único.
Desde las fallas masivas de los Airbags fabricados por la
firma Takara, hasta el fallo en el botón de encendido en los
vehículos de General Motors. Demuestran que cuando una
empresa llega a tener un volumen de este calado, es
evidente que los fallos son muy factibles.

El caso de los Airbags de la firma japonesa afectó a 19,2
millones de vehículos de las marcas Honda, Toyota y General
Motors, esta ultima firma americana no solo tuvo que afrontar
el problema de los airbags, pues el botón de encendido de
sus vehículos provocaba que muchos de ellos, se apagasen
en pleno funcionamiento y en algunos casos fuese un
momento letal para el conductor y los pasajeros, 2,6 millones
tuvieron que ser reparados.

Y como no olvidar el caso "El Ford suicida" en la década de
1970 por la posición defectuosa de los depósitos de
combustible que al menos acabaron con 77 personas.

Y los koreanos también se sumaron a esta forma de delinquir,
Hyundai y Kia Motors engañaron a sus clientes a nivel global

en lo que concierne a la eficacia de consumo de sus vehículos, y este caso es increíble, pues solo bastó una multa de 300 millones de dólares en estados unidos para parar el problema, lo que parece ser la unión europea y Canada fueron más laxos con solo dar una pequeña indemnización a sus clientes.

Pero la cuenta suma y sigue, caterpiller, Detriot Diesel y Cummins, fueron también descubiertas ensamblando motores que falseaban las pruebas de emisión, lo que con 1.000 millones de multa bastó para solventar, el problema que seguía en las calles y campos.

Quizás debemos cuestionar nuestro modelo de vida, la teoría de la obsolencia, la inclusión de únicamente aspectos estéticos y no de verdaderos modelos de desarrollo de vehículos relacionado con el medio ambiente, es lo que sin duda esta evidenciado la falta de coexistencia que tenemos no solo entre nosotros mismo, sino con todo lo que nos rodea, y como muchos otros aspectos de nuestra sociedad necesitan un cambio de modelo, seguramente alguno de ellos desde sus fundamentos, otros solo de enfoque.

Todo hace esperar que el coche eléctrico será esa solución a la cuestión de los motores, en conocer si estos gigantes realmente están con los ojos abiertos a las consecuencias que podría afectar al medio ambiente, y al propio ser humano, aunque no convence. Quizás por ello siempre dilatan su llegada en producción masiva mucho mas lejos de un 2.020. El hecho es que nuestra comodidad al desplazarnos, emite al aire que respiramos grandes cantidades de elementos tóxicos, pero parece que se nos olvida por esa publicidad del pensamiento moderno del ser humano. Te gusta conducir. Hoy parecemos más autómatas del consumo que del pensamiento.

Por tanto, todos somos esclavos de nuestros propios pecados capitales. La incultura, el prontismo, la falta de información veraz sobre los temas que son importantes, el nepotismo, la corrupción, la mentira que nos creemos. Todos en cuanto y por tanto asumimos ser una mejor generación en la historia universal, esta abandonado detrás de nuestros objetivos, la eminente destrucción del ser humano y del planeta que nos mantiene, sostiene y alimenta.

Quizás, somos la plaga que acabe con el, si el acaba con nosotros. Mas aunque si podemos ser solidarios, respetuosos, ecuánimes, moralmente rectos entre nosotros mismo. Pero dudo mucho que la visión medio ambiental tenga realmente cabida en la sociedad de consumo masivo que ha llegado para quedarse en el primer mundo y es el anhelo del tercer mundo también.

Parece que la esclavitud, y muchos otras desdeñables actitudes del colonialismo europeo de los siglos anteriores, se ha convertido en otra formula de explotar. Pero con el mismo fin, por tanto esos alemanes infalibles que adulan algunos, no son tan fiables como cualquier japonés, koreano, estadounidense, y recuerdo entonces un hecho histórico en la misma colonización española. Nokolaus Federmann quien fuese desterrado de las indias por el presunto robo económico, con esto no quiero decir que los alemanes nos roben, lo que vengo a relatar es que como todo Pais, hay miles de virtudes y al mismo tiempo cientos de defectos, pues todos erramos al mismo tiempo, lo que no comprendo es que ni empresas, ni gobierno tenga ya planes de contención ante situaciones como estas, o políticas de venta de productos con procedencia lícita.

Podría discernir que el desajuste político, económico, empresarial, industrial, social y moral, nos deje mucho desánimo y que quizás, algunos confabulen posibles teorías conspirativas de algún supuesto sector que gobierna encima de los gobiernos, pero por suerte soy hombre de ciencias, creo en las pruebas evidénciales, no en la circunstánciales y mucho menos en fábulas.

La política económica y empresarial de lo gobiernos tiene que ir por delante de la propia industria, y ser adaptativa a la par de restrictiva en lo que se refiere a emisión de productos nocivos o como en otros casos, productos farmacéuticos que afectan seriamente la salud de la población, por muy pequeña que sea la cantidad.

Pero pedimos mucho, bueno solo que cumplan con el trabajo por el que en mayoría les designaron para ello, mas aunque el costumbrismo de hacer poco, premia inclusive en las mismas crisis, todos asumen que únicamente la ley es regidora de un mundo justo, pero legislar un mundo es crear y propiciar justicia verdadera. Y para ello deben bajarse de sus tronos y toma tierra, a pie para resolver los problemas, con esto no digo que estén todo el día de paseo con la excusa de conocer la realidad, pero debería haber un organismo que les informe de esas necesidades evidentes del español de hoy en día

Si hemos avanzado en tecnología, para comunicarnos con rapidez, es seguro que los tiempos, los modelos y la forma como el esquema de la burocracia actual de gobernar nos frena, debe y tiene que modificarse, dudo que sea reformando totalmente la constitución, bastaría unas enmiendas. Pues es más modificar los ordenamientos de función del estado que con poco puede funcionar tremendamente mejor, claro es mi opinión, y como es lógico otros quieren aprovecharse para imponerse con sus roñosos esquemas de políticas comunistas, hablo de podemos, pero también el partido socialista obrero español, el partido popular y la izquierda unida. Muchos otros también.

Al final, si tiene un coche como este, usted no tendrá mas remedio que arreglarlo y tratar de salir adelante lo mejor posible, o como la precariedad económica le permita o apremie. Quizás queramos o no, acabaremos en el Primark y tengamos suerte que el medicamento que nos recetó el medico no acarree consecuencias en nuestra salud. Al final podemos vivir, con poco.

CAPITULO 8

LAS CONSECUENCIAS INMEDIATAS

Vota para castigar y tu vida se volverá un desastre, vota para mejorar y tu vida seguirá igual. Vota a Podemos y acabaremos como Venezuela ¿propaganda o realidad?.

Todos los retractores y valedores de políticas económicas que basan el recorte presupuestario, sabemos que los grandes esfuerzos que implican, es sin duda el hostigamiento que muchos vivirán en sus bolsillos, pero lo que preocupa es la política de endeudamiento que ha crecido a puntos desesperadamente alarmantes y es lo que propició la preocupación, y desespera a toda la población.

■■

Estas dos políticas, estar evidenciado un malestar que es provecho de partidos políticos como Podemos, Izquierda Unida, Nacionalismos en autonomías y cualquier otro oportunista político que utilizando este malestar, antepone la necesidad a su propio egoísmo, tal y como hemos visto en capítulos anteriores.

La fractura de la bipolaridad política española es necesaria e importante al la vez de primordial, para atajar una parte del panorama corrupto en las instituciones con el beneplácito del sector empresarial, pero lo que preocupa es que las decisiones erróneas de ideología comunista, en caso de sumarse a tropas que nos tiene habituados en el socialismo democrático, puede ser un binomio con consecuencias en nuestro día a día, muy serias.

En primer termino, será el deterioro de el servicio publico en casi todos los sectores, a pesar que el de atención ciudadana sea el que centren us esfuerzos, mas aunque estos ciudadanos no tendrán respuesta, tal y como ocurre hoy. Así mismo, veremos el deterioro físico de los servicios públicos, seguido por aquellas políticas del enchufismo, seguirán pues los intereses de siempre, son primordiales para cualquier político y sus familiares, chalets en zonas caras a pesar de ser representantes del pueblo.

Pero es que a caso los políticos austeros de la derecha democrática son mejores, evidentemente no, y aquí sugiero aportar por esquemas más centrados, razonados desde el pensamiento o mas bien el criterio de unir, desdeñando a la política de extremo y cumplir con los políticos de centro que en momentos de crisis es lo más necesario, algo similar al periodo de Adolfo Suárez.

Situar el extremismo comunista o fascista en el estado de gobierno español, es una fracaso, que acarrea el temor, escepticismo y el incordio ya evidenciado del sector financiero, que es junto al estado es uno de los pilares para alcanzar el bienestar social. Ejemplo claro, es como el sector firmó una carta informativa y divulgativa de los ideales religiosos que plantea el nacionalismo en Cataluña es un problema. En el escrito evidencia los problemas financieros a los que se enfrentaría tal decisión de independencia. Ocurre en igualdad con los políticos comunistas, tesis planteadas por podemos y la izquierda. Esos esquemas ya derrotados que ni en China ni en Rusia adoptan hoy como suyos, estas dos potencias, evidencian su predilección por el mal denominado capitalismo.

Pero, si no adoptamos politicas de incentivo empresarial, laboral, industrial, tecnológico y el pilar mas importante el investigativo para el desarrollo de innovación, se corre el riesgo de volver a tener los mismo problemas, es decir, depender del turismo, del sector inmobiliario, y del gobierno, por tanto se debe aportar sin duda por la investigación, el desarrollo y la innovación, en todos los sectores. Para ello no solo las Universidades tienen que tomar un papel de liderazgo en esto, sino el sector empresarial debe apoyarse en ello y unirse a este empuje. Solo así nacerán o se potenciará un nuevo sector empresarial, laboral, industrial y tecnológico. Por tanto, es necesaria una revolución de I+D+I que genere puestos de trabajo cualificados, que despierte la ilusión de los jóvenes por estudiar y emprender.

Así bien, el propio gobierno tiene la responsabilidad de actualizar, y planificar una política importante en un estado. La educación.

Y no me refiero a poner y sacar el catecismo en el pensum de estudios, sino de introducir herramientas dinámicas que junto a espacios adaptados para ellos, incentiven, ilusiones y generen una generación preparada para un futuro cambiante. Para ello Colegios, Institutos, Universidades, tiene. Que ser reestructurados, no solo políticamente hablando, sino también adecuando edificios, incluyendo en ellos la semilla de la innovación, pues es evidente que el modelo actual de cambio de pensum que no asume este papel principal y tampoco coloca al alumno como el eje central, esta obsoleto desde hace muchas décadas. Por tanto, planteo un sistema de estudio dinámico, más importante que apostar por ideologías laicas o cristianas.

No obstante, así como el sector educativo necesita una inyección de crecimiento en ideología e infraestructuras, corre con igualdad en el sector judicial, y este es más delicado aun, puesto que únicamente así podremos dar coto a la gran parcela de la corrupción, puesto que corremos el riesgo de repetir, la olvidada ciudad de la justicia es un elemento que ayudará a corregir y mejorar la capacidad de actuación de este sector tan vital, tan importante. Pero ¿es que acaso una sola ciudad como esta ayudará a nivel nacional? Pues no. quizás el planteamiento debería de ser al menos una por comunidad autónoma y junto a ello la ampliación de los juzgados en los municipios, triplicando como mínimo su capacidad y cuadriplicando el numero de funcionarios, solo así generaremos confianza en la institución y por ende al estado español.

Sumemos pues, cuarteles de policía, estaciones de tráfico, y todo como prioridad, la adecuación, la ampliación, muy al contrario de una reforma constitucional e incluso de un cambio de nombre o bandera, como muchos sostienen y si bien es cierto que hay dependientes económicos que son factores importantes en la sociedad, que debe modernizar y sobretodo dejar de ser dependientes del gobierno, tal es el caso de asociaciones, uniones o sindicatos laborales o de trabajadores de todos los sectores, estos deben y tienen que ser independientes y autosuficientes, es decir, estos deben y tienen que financiarse por los afiliados, no por partida del gobierno, solo así les obligaremos a impulsarles a tomar verdaderas desiciones políticas dentro y fuera del sector laboral, incrementando radicalmente la efectividad de estas instituciones y organismos.

Y como es lógico, los propios partidos politicos, deben y tienen que asumir sus costes, no pueden ser beneficiarios del olvido o la preferencia a la hora de asumir las deudas con entidades financieras, su financiación, debe y tiene que ser exclusivamente por y para sus afiliados. Regresar a esta esencia limpia la idea y la certeza del oportunismo corrupto entre políticos, empresarios y banca. Disminuyendo drásticamente la factibilidad corrupta, y el coste económico que genera al contribuyente, mantener gastos que en algunos casos son exagerados.

El ahorro que ocurriría en este aspecto, colaboraría en el punto anterior para la ejecución de proyectos de construcción tanto para el sector judicial como el educativo.

Pero, ¿que ocurre en el sector sanitario? Pues sin duda de todos es el más importante, este es un mundo amplio y muy intrincado que requeriría mucho tiempo para hablar. De el, pues tengo mis dudas sobre si dentro o junto a el, no se este cociendo alguna corrupción, es claro que también necesita mejorarse, pero la duda es el como, cuando y donde. O solamente en que parte del sistema necesita hacerse esa mejora estructural.

El problema del ladrillo no se inicia en principio en un aspecto cultural, seguido de políticas permisivas en y con referencia a la explotación del suelo que representa el 30% del valor de una propiedad. Si no como recurso primario del especulador principal, los ayuntamientos y su política napoleónica que empeñan siempre en obras faraónicas, en lugares remotos y que no se adaptan al urbanismo de las ciudades o pueblos donde se ejecutan, pero no olvidemos que la propia normativa constructiva, no asume un rol de modernidad, y no solo se actualiza, si no que continua propiciando este crecimiento semi-desorganizado que muchos no comprendemos.

La sensación que pudiésemos experimentaren un plan de futuro para nuestra sociedad, sería sin duda otra, más aunque lo mayormente importante, es darle un objetivo a nuestros relevos generacionales y además, creo que es necesario hacerles partícipes pues si no incurríamos en un grave error de apatía, que poco a poco se generará en un caos en todo lo que representa la vida, muy similar a estos tiempos que vivimos usted y yo hoy. Este periodo de sequía que simplemente llamamos crisis económica.

Es importante impulsar una mejora del sistema diplomático de nuestro país, concentrando todas la embajadas de autonomías y de gobierno así como representaciones activas de asociaciones comerciales, ministerios, judiciales y como es lógico cada vez son más necesarias, la presencia militar en todas ellas. No considero que sea difícil desarrollar una 180 embajadas y consulados con este esquema, que den cabida, refugio y ayuda a nuestros compatriotas sea donde sea, por el motivo que fuese. Y sobretodo crear un sistema de atención a catástrofes que dando dinamismo de este mundo convulso es cada vez más necesario. Yo considero que es un proyecto modélico a realizar, no solo en actividades y organigrama, si no también en la creación de edificios que nos representen y que dinamicen nuestra marca España. Y el motivo principal son los millones de españoles que viven fuera de nuestras fronteras, y al mismo tiempo propiciará la inversión extranjera, así como posibilitar acuerdos bilaterales en cualquier país donde tengamos presencia en esos 180 edificios que sugiero.

Como es entendible, en este punto no puedo olvidarme de las ONG y organismos de cooperación que colaboran, participan y ejecutan labores humanitarias importantes y necesarias, que son y han sido la mejor carta de representación de la nación española en el extranjero. Ademas , es importante que esta actividad se concrete, se consolide y se impulse, pues en cierta forma ha sido lo que nos ha dado la oportunidad de estar en el consejo general de la ONU. Y considero que la política con respecto a Africa y América-latina, debe ser el pilar fundamental en la expansión y visión del gobierno, es más también del sector empresarial, la banca y toda la sociedad.

Y es lógico, la cantidad de detalles que puede tener un proyecto de estado como este que propongo. Pero es, indispensable tener miras y determinación para construirlo dentro del estado solido con una dinámica continua que aporte un crecimiento adaptativo a las circunstancias y las causas que ocurren en los tiempos convulsos que corren. Por tanto, la adaptabilidad es la base de las miras que debemos poner todo en el voto que debemos y tenemos que presentar como ciudadanos y como patriotas.

Lo que ocupa y preocupa, es las consecuencias directas que vivimos y sufrimos, si no entremos en una visión más dinámica, al menos debería serlo, o similar a la que propongo en este capítulo. Es evidente que los retos que debemos enfrentar en un futuro y es mejor estar preparados o al menos planificando ante situaciones tales.

Este mundo globalizado, nos platea problemas que pueden surgir tanto dentro de nuestras fronteras como fuera de el. Terrorismo, crisis financiera, crisis bursátil, crisis alimenticia, sanitarias, y políticas. Y a las mas difíciles crisis que suelen ser la militares y conflictos armados. Y como si fuese poco, el cambio climático, el reto como conjunto de la sociedad, no esta en dividirnos o peor aun desinteresarnos por las preocupaciones de quienes conviven con nosotros dentro de este estado que denominamos España. Tenemos que ser mas participativos son segregar, y como es lógico sin ningún sectarismo, ya sea por lo mas conocido, credo, raza e ideología, sumemos también clase social y económica.

Con esto no le sugiero ser crédulo de todo, pues cometeremos el grave error de aniquilarnos en creernos perfectos, me refiero a tender puentes y voluntades para crecer.

Otro de los modelos de futuro que tenemos que afrontar y es muy necesario, es el modelo energético, requiere no solo una reestructuración, sino de leyes que den adaptabilidad y facilidad no solo a la diversidad del sector energético empresarial, más bien, dinamismo productivo. Y sobre todo que rompa con el monopolio de las grandes, sin destruirlos sin nacionalizarlos, simplemente promoviendo que nuevas empresas se desarrollen para diversificar, es decir, debemos depender menos de energías que tenemos que importar y buscar propiciar energías que podemos auto-abastecernos, pero y junto con ello, abrir las leyes para dejar de proteger a las empresas, y primar al consumidor como beneficiario único. Además de leyes a favor de la pobreza energética, puesto que hoy en día todos dependemos de ella. Convirtiéndose sin duda en una necesidad del ser humano, y en especial a la energía renovable. Pues tiene que ser el pilar fundamental del consumo y de la producción, es necesario entender que la red eléctrica esta en ciertos puntos obsoleta, encareciendo su precio, económicamente y ecológicamente hablando.

Como consecuencia del cambio que ha dado la sociedad, no solo en España, sino también en el mundo, el planteamiento de regeneración, relevo y proyección debe , tiene y estará enmarcado en la adaptabilidad, la rapidez de respuesta. Por tanto, deberá ir mucho más allá de los cotos políticos, y comprenderse como dirección conjunta de nación. Es decir, un presidente lo es de todos, no solo de los suyos, de sus electorado. Pero aun no se está preparado para ser estadista, solo caciquismo y eso va por todos, los extremos, la derecha, la izquierda y el centro.

Pero ¿Cual es la consecuencia de no proponernos como objetivo este modelo de modernización?

Si no somos capaces de adaptarnos a comprendernos, correremos la consecuencia del crecimiento del nacionalismo, del extremismo y de la demagogia, centrada evidentemente en discursos fatuos y slogan sin sentido real. Frases como España nos roba, Europa nos obliga, Los mercados nos impones, Fascista, Bolchevique y los demás adjetivos calificativos que no tienen razón. Todas frases hechas por populistas tanto de derecha como de izquierdas. Lo que denominan anti-pueblos. Adversarios ficticios y profanadores del bienestar social de todos los sectores. En estos discursos solo se busca sembrar idealismos inocuos basados en el odio, como avanzadilla de su política de división y sobretodo para incrementar sus propios intereses.

Esta división del pueblo en pro-pueblo y anti-pueblo solo genera dispersión, desestructuración, basados en la oligarquía, la plutocracia, fascistas, etc. predisponiendo que solo el pueblo tiene la virtud, como si fuesen tocados por la bendición divina misma de no ser parte de lo mismo, solo con la misma intención única de enamorar políticamente hablando y siendo sin duda mucho mas permisivos con ese mecías. Este emprenderá siempre como sistema que será necesario el cambio constitucional, y sus faltas serán únicamente culpabilidad de una justicia lenta e ineficaz, o cualquier otro supuesto enemigo de su incapacidad. Simplemente su dejadez, pero lo mas preocupante es una vez se instaure estos anti-demócratas. Amalgamarán los tres poderes para si mismo, como esos reyes que denostaron que no tienen está virtud hoy en día. Ejecutivo, Legislativo y Judicial. Y por ultimo vendiendo propaganda política de los casi nulos avances para hacer creer al pueblo de un avance inexistente.

Mas aunque, no solo son problemas gubernamentales el incremento exponencial del gasto publico, pues propiciará sin duda alguna una inflación que solo se ha visto en el siglo anterior. Ahora bien, solo quiero recordarle que ese dinero, sale de su bolsillo y del mío, por tanto el incremento de los impuestos, aumento de la deuda publica. Es decir, nuestros ahorros, desencadenando el cierre de hospitales, y muchas oficinas administrativas por no pode cumplir el pago.

Pero y por ultimo, nunca será culta suya, será los hombre de negro, el neoliberalismo, las grandes empresas, los bancos, los mercados internacionales, la oposición y hasta las palomas de la plaza. Es decir, el cabeza de turco del momento, todo con tal de no asumir su propio despropósito, el desgobierno. Por tanto, la corrupción se instalará mucho más evidenciada que lo ocurrido hasta hoy.

Y sin olvidarnos como las empresas empezarán a cerrar una tras otra al no poder colocar sus productos, incrementando mucho más el desempleo, la desconfianza y descapitalizando el fondo de pensiones. Además de subsidios de desempleo, es decir que pasaremos a ser todos dependientes de un estado pobre, Entonces la pobreza se instalará endémicamente.

Estamos en el momento de ser líderes o ser el ultimo de la fila, todo depende de su voto y su visión. Procure que sume, no que castigue.

ACERCA DEL AUTOR

Soy curioso observador de lo que me rodea, leo por necesidad, pero sin formación titulada que revelar, es más la experiencia lo que me impulsa a escribir estos aglutinamientos de palabras y frases, pensamientos, que la objetividad de la paralización que tiene visionar los problemas como un político, como un ingeniero, como un filosofo o como un obrero. Pensemos mas en sumar, que en restarnos, así solo conseguiremos la destrucción obligada de una sociedad. Dejemos las formulas del castigo y pasemos a las maneras de comprendernos.